쿼 바 디 스

Quo Vadis?
The Existential Challenges of Leaders

First published in English under the title
Quo Vadis?: The Existential Challenges of Leaders
by Manfred F. R. Kets de Vries, edition: 1
Copyright © The Editor(s) (if applicable) and The Author(s), under exclusive license to
Springer Nature Switzerland AG, 2021
This edition has been translated and published under license from
Springer Nature Switzerland AG.
Springer Nature Switzerland AG takes no responsibility and shall not be made liable
for the accuracy of the translation.

Korean Transition Copyright © 2022 by Korea Coaching Supervision Academy
Korean edition is published by arrangement with Springer Nature Customer Service
Center GmbH through Imprima Korea Agency

이 책의 한국어판 저작권은 Imprima Korea Agency를 통해
Springer Nature Customer Service Center GmbH사와의 독점 계약으로
한국코칭수퍼비전아카데미에 있습니다.
저작권법에 의해 한국 내에서 보호를 받는 저작물이므로 무단전재와 무단복제를 금합니다.

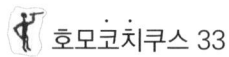 호모코치쿠스 33

쿼바디스

팬데믹 시대, 죽음과 리더의 실존적 도전
Quo Vadis?
The Existential Challenges of Leaders

맨프레드 F. R. 케츠 드 브리스 지음
고태현 옮김

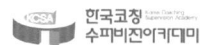
한국코칭수퍼비전아카데미

팰그레이브 케츠 드 브리스 라이브러리

인시아드INSEAD 경영대학원의 리더십 개발 및 조직 변화 분야 석좌 교수인 맨프레드 F. R. 케츠 드 브리스는 리더십, 코칭, 그리고 개인과 조직 변화에 대한 임상심리학 적용에 있어서 세계에서 가장 영향력 있는 사상가 가운데 한 명이다.

팰그레이브 비즈니스 전문 서적은 학문적인 엄격함과 실제 적용되는 현장이 맞닿는 영역에 관해서 다룬다. 케츠 드 브리스 교수의 업적은 깊이 있는 학문과 현실에서의 적용을 완벽한 조합으로 보여주었다는 점이다. 팰그레이브 출판사는 지난 10여년간 팰그레이브 케츠 드 브리스 총서를 통해 함께 작업해온 시간을 자랑스럽게 생각한다.

이 시리즈에 관한 더 많은 정보는 http://www.palgrave.com/gp/series/16661에서 볼 수 있다.

목차

역자 서문 ⋯⋯ 6
서문 ⋯⋯ 9
추천사 ⋯⋯ 13
저자에 관하여 ⋯⋯ 15

1장. 가장 오래된 질문 ⋯⋯ 19
2장. 죽음의 그림자 ⋯⋯ 31
3장. 선문답 ⋯⋯ 43
4장. 의미를 부여해주는 죽음 ⋯⋯ 57
5장. 죽음에 대한 불안 ⋯⋯ 71
6장. 답을 찾아서 ⋯⋯ 91
7장. 구조하는 심리학자들 ⋯⋯ 103
8장. 행복과 의미 ⋯⋯ 117
9장. 의미, 건강 그리고 행복 ⋯⋯ 129
10장. 의미 만들기 기술 ⋯⋯ 141
11장. 방법을 찾아서 ⋯⋯ 159

색인 ⋯⋯ 183
역자 소개 ⋯⋯ 187
발간사 ⋯⋯ 189

그림 목록
   [그림 11.1] 현존하는 도전과제들 ⋯⋯ 166
   [그림 11.2] 인생의 의미에 대한 질문지 ⋯⋯ 167

역자 서문

지금 당신이 멈춰 서 있는 곳은 어디인가?

보이지 않는 것이 보이는 세상을 이끌어 가고 있다. 우리의 삶도 마찬가지다. 눈에 보이지 않는 무의식이 우리의 행동을 지배한다. 죽음은 실재하지만, 마주하기 전까지는 보이지 않는 미지의 영역으로 남아 긍정적이든 부정적이든 우리 삶 속에서 지속해서 영향력을 행사한다.

우리는 무엇에서, 어디에서 시작되었을까? 그리고 어디로 가는 것일까?

존재에 관해 깊이 사유하는 시간은 언제나 우리를 끊임없는 의문의 길로 인도한다. 왜냐하면 우리의 지각만으로는 삶의 시작과 끝을 명확히 이해하기 어렵기 때문이다. 다만 우리는 탄생과 죽음 사이에서 주어진 시간 동안 살아가고 있을 뿐이다. 사람들은 피할 수 없는 죽음을 앞에 두고 끊임없이 달려가고 있다. 삶은 태어나면서부터 죽음을 향해 가는 여정이다. 이 여정에서 당신의 삶을 이끄는 원동력은 무엇인가?

이 책은 리더십 이상의 내용을 다루고 있다. 지금, 여기에 멈춰 서서 우리의 과거와 미래를 새로운 시각으로 조명하고 확실하다고 생각했던 것에 질문을 던지며, 잘 정리된 것 같은 생각을 흔들어 버린다. 그러나 저자가 비춰주는 빛을 따라가다 보면, 남은 인생 여정이 어떻게 의미 있는 시간으로 충만해질 수 있는지에 관해 뚜렷하고 분명한 자신만의 답을 얻게 될 것이다.

인생을 의미 있게 만드는 첫걸음은 자신의 내면 극장을 잘 살펴보고 이해하는 것이다. 내면으로의 여행을 통해 우리는 참 나를 찾아야만 한다. 그래야 비로소 의미 있는 삶을 살게 하는 동기 요인을 발견할 수 있고, 그것이야말로 우리가 찾는 답이 될 것이다. 도달하려는 종착지보다 어떻게 갈 것인가, 왜 가려고 하는가가 인생에서 더 중요하다. 그리고 그것은 죽음을 피하기보다는 직면하고 받아들일 때 더 명확해진다.

저자는 죽음의 불가피성을 직시하면서 이를 수용했을 때 삶이 어떻게 변화하는지를 보여준다. 현재의 행복을 진정으로 누리면서 목적이 있는 삶의 의미를 붙들고 우리가 무엇을 해야 하는지 고민하게 만드는, 죽음을 직면한 사례들은 우리를 깊은 성찰에 이르게 한다. 이 책은 삶을 의미 있게 살아가려면 무엇이 필요한지, 목적이 이끄는 삶이 결국 우리를 어디로 인도하는지를 이야기하면서 오늘도 주어진 하루를 충만하게 살아내는 방법을 찾도록 도와준다.

『쿼바디스』는 팬데믹 시대의 리더뿐만 아니라 삶을 의미 있게 살고자 하는 모든 사람에게 실존적 도전 과제를 던진다. 의미 있게 살고 싶은 사람, 현재 삶에서 의미를 찾지 못하는 사람, 그리고 죽음이 우리에게 미치는 영향이 궁금한 사람이라면 누구나 이 책을 통해 영감을 받을 수 있다.

『Quo Vadis?』라는 제목을 처음 보았을 때, 강한 끌림을 느꼈다. 저자 '맨프레드 F. R. 케츠 드 브리스'에 관해서는 익히 알고 있었지만, 그가 기독교의 소명과 관련된 제목을 통해 리더들이 직면한 도전을 어떻게 풀어

나갈지 큰 기대를 하고 책을 열어 보았다. 그리고 번역을 하면서 진정한 나를 만나 세상을 향해 나아갈 수 있는 근원적인 물음에 대한 답을 어떻게 찾을 수 있는지 잘 정리할 수 있었다.

  번역은 원어를 이해하는 것보다 우리 말로 옮기는 과정이 늘 조심스러운 작업인 것 같다. 더욱이 이 책에는 저자의 오랜 학문적 연구와 임상 그리고 숙고의 결과가 한 줄 한 줄 밀도 있게 담겨있었다. 결국 한 문장 한 문장 많은 고려와 조사를 통해서 옮길 수밖에 없었다. 이 과정을 마무리 지을 수 있도록 지지와 격려를 아끼지 않았던 김상복 코치님과 가족들, 특히 어머님께 감사의 마음을 전한다.

2022년 5월
역자 고태현

서문

> 내 인생에서는 항상 삶과 죽음이 결핍되어 있었다.
> – 호르헤 루이스 보르헤스
>
> 잠도 좋지만, 죽음은 더욱 더 좋다. 물론 태어나지 않았다면 그것은 기적이다.
> – 하인리히 하이네

최근 나는 오랜 친구와 점심을 함께했다. 오랜만에 만난 터라 그 점심은 특별한 시간이었다. 우리는 자녀들과 일에 관해 이야기를 나누었다. 또 우리는 건강에 관해 대화했다. 내 친구는 최근 건강상 여러 어려움이 있었다고 했다. 그는 "나이 든다는 것은 힘든 일이야."라며 한숨을 쉬었다. 그의 말에 나는 "나약한 이들은 나이 들 수 없다."라고 한 베티 데이비스Bette Davis의 유명한 말을 들려주면서, "일전에 누군가가 나에게, 만약 내가 아침에 눈을 떴을 때 고통을 느낀다면, 그것은 좋은 징조라고 말해주었지. 그건 내가 여전히 살아있다는 증거니까."라고 덧붙였다. 내 말에 반응하며, 내 친구는 올해에만 다섯 명의 장례식에 다녀왔고, 오랜 직장 동료 가운데 한 명은 치매를 앓고 있다고 했다. 이어서 나 또한 작년에 가까운 지인 두 명을 떠나보냈다는 이야기를 했다.

웨이터가 잔에 물을 채워줄 때, 나는 그 두 명의 장례식을 떠올렸다. 나는 결코 그날 내 친구와 함께했던 것처럼 그 친구들과 추억담을 나눌 수 없을 것이다. "친구의 죽음이란 당신의 일부가 죽는 것이다."라는 귀스타브 플로베르Gustave Flaubert의 말이 떠올랐다. 나는 갑자기 인생의 비극적 무상함에 대한 생각으로 슬픔에 휩싸였다. 매주 신문이나 뉴스에서는 내가 속한 문화, 사회경제 분야 사람들의 부고를 볼 수 있었다.

나는 식당 창문 밖을 바라보았다. 낙엽이 나무에서 떨어지고 있었다. 민들레 씨앗은 바람에 흩날리고 있었다. 한 무리의 기러기 떼가 머리 위로 날아갔다. 가을이 다가오고, 새들이 남쪽으로 이동하고 있었으며 또 한 해가 지나갔다. 그것은 인생의 덧없음을 더욱 상기시켜주었다. 나이가 들수록 시간은 점점 더 빠르게 흘러갔다. 나는 나에게 드리운 죽음의 검은 그림자를 몹시 의식하고 있었다.

점심 식사 분위기가 갑자기 바뀌었다.

나는 매년 최고 경영진을 위한 세미나를 연다. 세미나의 목적은 그들이 더 효과적이고 성찰적인 리더가 되도록 돕는 것이며, 일반적으로 주제는 리더십과 커리어에 관련된 것들이다. 그러나 실제로 세미나에서는 그 이상의 내용들을 다룬다. 그 세미나를 통해 대부분 참가자는 오랫동안 숨겨져 있었던 기억들을 차례차례 꺼내 가면서 자기 자신으로의 여행을 시작하게 된다.

나는 이 과정을 한 번에 한 꺼풀씩 벗기는 양파껍질 까기에 비유한다. 자기 성찰의 여정이 시작되면, 참가자들은 그들이 진정 관심을 두고 있는 것과 그들이 하고 있는 것의 이유 그리고 무엇이 그들의 현재 모습을 만들었는지에 대해 더 큰 통찰을 얻게 된다. 내 바람은 참가자들이 과거의 흔적들이 그들의 현재 삶에 얼마나 영향을 미치는지 그리고 어떻게 그들의 미래에 영향을 줄 수 있는지 더 잘 이해하게 되는 것이다. 차근차근 워크숍 과정을 따라가다 보면, 리더십과 커리어 관련 이슈들은 그들의 기질, 정신건강, 대인관계의 질 그리고 미래의 도전 과제들과 같은 두드러지게 드러나지 않았던 주제들로 바뀌게 된다. 이러한 변화는 그들이 인생에서 해왔던 결정들, 그들 직업의 특성, 그들의 인간관계들, 그들이 여러 활동 속에서 찾는 의미들 그리고 죽음의 의미까지 생각해보도록 만드는 시작점이 된다. 워크숍 동안 겪은 경험에 힘입어 참가자 가운데 많은 이가 자신에게 다음과 같은 질문을 던질 준비를 하게 된다. 나는 전혀 다른 삶을 살 수 있었을까? 그럴 수 있었다면, 그 삶은 어땠을까? 내가 미래에 선택할 수 있는 것들은 무엇인가? 남은 시간 동안 무엇을 하며 살아갈 것인가?

이 세미나의 목적은 사실 참가자들이 아주 오래된 질문 Quo Vadis(쿼 바디스: 당신은 어디로 가고 있습니까?)를 고민해 보도록 하는 것이다. 이 표현은 예수의 열 두 제자 가운데 한 명이자 초기 가톨릭의 첫 지도자였던 성 베드로의 일화와 관련 있다. 베드로가 네로 황제가 내린 십자가 형을 피하기 위해 도망가고 있을 때, 그는 아피아 가도에서 부활한 그리스도와 마주쳤다. 그때, 베드로가 예수에게 "주여 어디로 가시나이까?"라고 묻자 예수는 "나는 다시 십자가에 매달리기 위해 로마로 가는 중이다."라고 말하였다. 그 말을 통해 베드로는 로마로 돌아가 자신에게 맡겨진 사명을 지속할 용기를 얻었다.

의미를 찾아 가는 과정에서 베드로는 기꺼이 그가 믿는 것을 위해 모든 것을 내려놓았다. 그는 '나는 누구인가? 삶의 의미는 무엇인가? 우리는 어디로 가고 있는가?'라는 태초부터 인류를 괴롭혀온 존재에 관한 중요한 질문들을 해결하려 애쓰고 있었다. 학생, 환자 그리고 고객을 만나다 보면 이 질문들은 언제나 다른 무엇보다 더 중요한 주제가 된다. 이상하게 들릴지 모르지만, 의미에 대한 탐구는 나이 들어 결국 이르게 되는 죽음에 대한 근심과 복잡하게 연결되어 있다. 우리 대부분이 되도록 늦게 젊은 상태로 죽기를 원한다는 말은 이를 잘 보여주는 표현이다. 죽음은 늘 우리와 동행한다. 그렇지만 역설적으로 누구도 죽음을 피할 수 없기에 우리는 더욱 삶의 의미를 찾게 된다. 내가 일하는 분야의 도처에서 이러한 근심들을 발견하면서 나는 이에 관해 직접 글을 쓰기로 했다. 나는 이 책이 독자들에게 잠시 생각할 거리를 주고 그들이 존재와 관련된 모든 것이 찰나에 불과하다라는 사실을 인지하는 데 도움이 되길 바란다. 우리는 모두 인생이 달기도 쓰기도 한 것이 그 유한함과 무상함 때문임을 받아들여야 한다. 이런 성찰은 지금 전 세계에 창궐한 전염병으로 인해 더욱 중요해졌다. 수많은 사람이 죽어가는 것을 보면서, 죽음은 눈앞의 현실이 되어버렸다.

맨프레드 F. R. 케츠 드 브리스
2021년 3월 1일
프랑스 파리에서

추천사

『쿼바디스Quo Vadis』는 리더십에만 국한되는 책이 아니다. 그 이상이다. 이 책은 유한한 우리 인생에 대해서 생각하는 사람들을 위한 것이다. 맨프레드 F. R. 케츠 드 브리스는 죽음을 행복, 목적, 동기부여, 건강, 자유의지와 연결지어 죽음에 대한 염려를 마주하는 데 있어 의미가 하는 중요한 역할을 맥락적으로 설명한다. 그는 어떤 정치가나 종교적 리더도 우리에게 간단히 의미를 줄 수는 없다고 일깨워 준다. 결국, 우리는 스스로 의미를 만들어내야만 한다.

- 크리스토프 라크: Operations and Technology Management 교수, 캠브리지 대학, 캠브리지 판사 비즈니스 스쿨 학장

대부분 경영 서적의 목적은 당신이 이미 가진 지식을 확고하고 명료하게 함으로써 당신이 똑똑하게 그리고 확신에 차게 느끼도록 하는 것이다. 그런데 이 책은 매우 다르다. 맨프레드 F. R. 케츠 드 브리스는 용감한 사람이자 작가다. 아마도 그의 책 가운데 가장 날카로울지도 모르는 『쿼바디스』를 읽는 것은 위험을 감수한다는 것이다. 그 위험은 당신이 미처 대비하지 못한 방식으로 리더로서, 관리자로서, 인간으로서 도전받으며 변화되는 것이다.

- 울프 로크완트: 의학박사, 카롤린스카 연구소 외과 부교수, 흉부외과 의사, 스톡홀름 경영학 석사, 스톡홀름 특수 의료 서비스 부서장

『쿼바디스』는 지금까지 출간된 맨프레드 F. R. 케츠 드 브리스의 책 가운데서 가장 심오한 책으로 인생에서 행복과 의미를 주는 자신만의 최적 지점을 찾고자 하는 리더뿐만 아니라 우리 모두에게 도전 과제를 준다. 페이지마다 과거와 현재에 선택한 것들과 어쩌면 피하고 싶었던 것들과 마주하도록 독자를 이끈다. 또 자신의 목적을 찾고, 의미 없는 일들에 시간 낭비하는 것을 그만둘 수 있도록, 그리고 잘 사는 삶으로 이끌 수 있는 변화를 만들어내도록 안내한다.

  - 필립 하스페슬라흐: Vlerick 경영 대학 명예 학장이자 공동 경영자,
  벨기에 패밀리 기업 네트워크 대표, 아도 그룹 회장

인생의 종착지를 받아들이는 법을 배우는 아주 매력적인 여정. 임원 정신 역동 분야의 대가인 맨프레드 케츠 드 브리스 교수의 역작. 훌륭한 철학적, 문학적, 학문적 자료를 바탕으로 저자는 가볍고 해학과 품위 있는 문체로 피할 수 없는 죽음을 다루는 독특한 관점을 제시한다. 자신을 성찰적인 리더라고 생각하는 사람들을 위한 필독서이다.

  - 스타니슬라브 셰크쉬니아: 프랑스/싱가포르 인시아드 수석 협력 교수,
  워드 하웰 인터내셔널 수석 파트너

이 책의 폭넓은 숙고 결과들은 대단히 매력적이고 학구적이다. 맨프레드 케츠 드 브리스는 그의 매혹적인 역작에서 우리 인생의 두 축인 삶과 죽음을 재차 두드린다. 나는 모든 것을 고려해볼 때 무엇이 무병장수란 목표를 가치 있게 만들어 주는가에 대해 이보다 더 설득력 있게 그리고 반박할 수 없게 기술한 것을 본 적이 없다. 꼭 읽어볼 것을 추천한다.

  - 빅터 할버슈타트: 라이덴 대학 경제학 교수

저자에 관하여

맨프레드 F. R. 케츠 드 브리스는 수많은 연구가 이루어진 리더십 분야와 개인과 조직 변화의 심리적 차원에 관해 새로운 관점을 제시한다. 경제학(암스테르담 대학 경제학 박사), 경영학(ITP, MBA, DBA 하버드 비즈니스 스쿨), 정신분석학(캐나다 정신분석학회, 파리 정신분석학회, 국제 정신분석협회 회원)에서 쌓은 지식과 경험을 통해 그는 경영, 정신분석, 발달심리, 진화심리, 신경과학, 심리치료, 임원코칭, 상담을 통합하여 깊이 있게 탐색한다. 그가 관심을 두는 분야들은 구체적으로 리더십(밝은 면과 어두운 면 모두), 기업가 정신, 커리어 역동, 강점 관리, 가족 경영, 다문화 관리, 승계 계획, 조직과 개인의 스트레스 관리, 최고 경영진 팀 빌딩, 임원코칭, 조직개발, 변화 관리, 경영 자문이다.

인시아드의 리더십 개발과 조직 변화 분야 석좌 임상 교수인 그는 최고 경영자 프로그램인 "리더십의 도전: 성찰적 리더 양성" 프로그램 책임자이며 인시아드 변화 관리 경영 석사 과정 설립자이다. 교육자로서 그는 인시아드에서 탁월한 교수상을 여섯 차례 수상했다. 맥길 대학과 몬트리올 EDHEC^{Ecole des Hautes Etudes Commerciales} 경영대학원, 베를린 ESMT^{European School for Management and Technology}, 하버드 비즈니스 스쿨에서 교수직을 맡아왔고 전 세계 경영 기관에서 강의를 하고 있다. 파이낸셜 타임즈, 르캐피탈, Wirtschaftswoche, 이코노미스트는 그를 세계를 선도하는 경영 사상가이자 인적자원 관리 분야에 기여한 가장 영향력 있는 사람들 가운데 하나로 평가했다.

케츠 드 브리스는 저자, 공동 저자 또는 편집자로서 50권 이상의 책을 출간했다. 그의 저서로는 『신경증적인 조직The Neurotic Organization』, 『리더의 마음Leaders, Fools and Imposters』,1) 『고속 임원 승진의 길에 놓인 삶과 죽음Life and Death in the Executive Fast Lane』, 『리더십의 신비로움The Leadership Mystique』, 『행복 방정식The Happiness Equation』, 『리더는 만들어지는가 아니면 타고나는가?Are Leaders Made or Are They Born?』, 『알렉산더 대왕 이야기The Case of Alexander the Great』, 『러시아의 신 비즈니스 엘리트The New Russian Business Elite』, 『공포 리더십Leadership by Terror』, 『글로벌 임원 리더십 목록The Global Executive Leadership Inventory』, 『카우치 위의 리더The Leader on the Couch』, 『코치 앤 카우치Coach and Couch』,2) 『가족 경영 연구The Family Business on the Couch』, 『삶의 진정성Sex, Money, Happiness, and Death: The Quest for Authenticity』,3) 『리더십과 경력에 대한 고찰Reflections on Leadership and Career』, 『조직에 대한 고찰Reflections on Organizations』, 『코칭 만화경The Coaching Kaleidoscope』, 『고슴도치 효과: 고성과 팀의 비밀The Hedgehog Effect: The Secrets of High Performance Teams』, 『정신역동 마음챙김 리더십: 내면으로의 여정과 코칭Mindful Leadership Coaching: Journeys into the Interior』,4) 『당신이 맞닥뜨릴 거대한 혼란: 임원코칭의 도전과제You Will Meet a Tall Dark Stranger: Executive Coaching Challenges』

---

1) 『리더의 마음』 윤동준 옮김, 2019
2) 『코치 앤 카우치』 조선경, 이희상, 김상복 옮김, 2020
3) 『삶의 진정성』 김현정 외 옮김, 2018
4) 『정신역동 마음챙김 리더십』 김상복, 이혜진, 최병현 옮김, 2021

그리고 『리더는 어떻게 성장하는가Telling Fairy Tales in the Boardroom: How to Make Sure Your Organization Lives Happily Ever After』,[5] 『리더십 롤러코스터Riding the Leadership Roller Coaster: A Psychological Observer's Guide』,[6] 『혼돈의 리더십: 매일의 삶에 대한 리더십 병리학Down the Rabbit Hole of Leadership: Leadership Pathology of Everyday Life』, 『코로나바이러스 점령기: 팬데믹에서 얻은 교훈Journeys into Coronavirus Land: Lessons from an Pandemic』과 『CEO 위스퍼러: 리더와 삶 그리고 변화에 대한 숙고The CEO Whisperer: Meditations on Leaders, Life and Change』가 있다.

그 밖에 케츠 드 브리스는 온라인판을 포함하여 도서나 학술지 기고를 통해 400여 편 이상의 학술 논문을 발표했다. 그는 또한 최고의 사례 연구상을 수상한 7편을 포함하여 100여 개 이상의 사례 연구를 집필했다. 그는 여러 잡지에도 정기적으로 글을 쓴다. 더욱이 그의 글은 뉴욕 타임즈, 월 스트리드 저널, 로스엔젤레스 타임즈, 포춘, 비즈니스 위크, 이코노미스트, 파이낸셜 타임즈, 하버드 비즈니스 리뷰와 같은 간행물에 실렸다. 그의 책과 논문은 30개 이상의 언어로 번역되었다. 그는 하버드 비즈니스 리뷰와 인시아드 Knowledge의 블로그에 정기적으로 글을 쓴다. 17개 편집국에 소속되어 있으며 경영 학술 협회의 펠로우이다. 그는 또한 국제 정신분석학회International Society for the Psychoanalytic Study of Organizations(ISPSO)의 설립자로 협회는 그를 평생회원으로 추대했다. 케츠 드 브리스는 리더십 연구와 발전에 기여한 공로로 국제리더십협회에서 공로상을 받았다. 그는 리더십 영역과 체계를 발전시킨 세계적인 전문가 중 하나로 꼽힌다. 이와 더불어 고위 임원 교육 분야를 발전시킨 공헌을 인정받아 독일에서

---

[5] 『리더는 어떻게 성장하는가』 김현정 외 옮김, 2022
[6] 『리더십 롤러코스터』 김현정 외 옮김, 2019

도 공로상을 받았다. 미국 심리학회는 그가 조직 상담에 기여한 것을 높이 평가해 Harry and Miriam Levinson 상을 수여했다. 게다가 그는 경영과 정신분석의 통합적 발전에 기여함으로써 Freud Memorial 상을 받았다. 또 하버드 코칭 연구소에서 'Vision Excellence Award'를 수상했다. 케츠 드 브리스는 교육 분야에서의 큰 공로로 인시아드 Dominique Héau Award의 첫 수상자가 되었다. 또 두 개의 명예 박사학위를 받았다. 네델란드 정부는 그에게 Orange-Nassau 훈장의 Officer 등급을 수여했다.

케츠 드 브리스는 세계 여러 회사를 위해 조직 설계, 혁신과 전략적 인적자원관리 분야의 컨설턴트로도 일하고 있다. 교육자이자 컨설턴트로서 그는 40개 이상의 나라에서 활동해왔다. 이에 더해 전략적 리더십 개발 전문 컨설팅 회사인 Kets de Vries Institute(KDVI)의 창립자이자 대표를 역임하고 있다.

케츠 드 브리스는 외몽골 지역 최초의 플라이 낚시꾼이었고(시베리아 타이멘 어종에 관한 세계 기록 보유자가 되었다) 뉴욕 탐험가 클럽 New York's Explorers Club 회원이다. 그는 여가 시간에는 열대 우림부터 중앙·남 아프리카의 사바나, 시베리아 타이가, 우수리스키, 캄차카, 파미르 고원, 알타이 산맥, 아넘랜드, 북극권 한계선에 이르기까지 돌아다니는 것을 즐긴다.

01
가장 오래된 질문

> 만약 우리가 살아가는 이유를 알고 있다면, 우리는 어떻게든 견디며 살아갈 수 있다.
> – 프리드리히 니체 Friedrich Wilhelm Nietzsche

> 삶의 의미는 인생이 끝난다는 데 있다.
> – 프란츠 카프카 Franz Kafka

최근에 시작한 회사를 궤도에 올리기 위해 더욱더 많은 시간을 일에 매진하는 사이, 테드는 전에는 그다지 생각해보지 않았던 자기 존재의 근원에 대한 의문을 가진 채 밑바닥 상태에 놓여 있었다. '나는 어떻게 살아가고 있는가? 인생의 목표는 무엇인가? 기대할 만한 무엇인가가 있는가?' 고립된 상태라고 느낄수록 이러한 질문들이 그를 찾아왔다. 그가 운영하는 회사는 가파르게 성장하고 있었지만, 그는 한동안 다른 창업자들과 같이 일하는 동료들에게 연대감을 느끼지 못했다. 새로운 스타트업에 참여하고 있었지만 거의 만족감이 없었다. 삶의 의미에 대해 궁금해하기에는 지금까지 일과 여러 역할들로 너무 바쁘게 살아왔다. 그러나 지금 그는 길을 잃은 것 같다고 느꼈다. 팬데믹 덕분에 생긴 성찰 시간이 변화의 기폭제가 되었다. 현재 아이들은 다 독립하여 북새통 같던 집도 조용해졌다. 그는 무엇을 위해 살아가고 있는가를 고민하면서 지금까지 한동안 목적을 잃어버린 사람처럼 지내고 있었다. 왜 그런지 그에게 삶은 더욱더 앞뒤가 안 맞는 것 같고 심지어 지루하게 느껴졌다. 행복감을 느낀 지 너무 오래되었다. 아내와 소원한 관계에 있다는 것도 도움이 되질 않았다. 그들의 결혼 생활은 피상적이고 활기가 없었다. 너무 오랫동안 두 사람 모두 생계를 꾸리고, 아이들을 양육하고, 생필품을 사며 이따금씩 있는 모임을 챙기느라 바쁜 삶을 이어왔다. 결혼 생활이라는 것이 그게 다인가? 뭔가 더 있어야 하는 거 아닌가? 지금 그와 그의 아내는 한 배에 타고 있는 오랜 지인 같은 관계가 되었다. 그들은 공통점도 거의 없고, 부부 관계도 상당히 오랫동안 없는 상태였다. 게다가 테드의 건강은 좋지 않은 상황으로 지난 12개월 동안 계속 체중이 늘어났다.

자신의 삶을 살펴보면서, 테드는 자기 존재가 바로 근원에서부터 흔들리고 있음을 깨달았다. 전에도 우울한 적은 있었지만, 지금은 그 어떤 때보다도 훨씬 심하게 다가왔다. 마치 삶이 뒤집혀져서 중심을 잃어버린 것 같았다. 세상에 홀로 고립된 것 같은 생각이 그를 사로잡았다. 그는 자신이 어떤 존재의 위기 가운데 있는 것이 아닌지 궁금했다.

그에게 무슨 일이 벌어지고 있던 것일까? 하던 일을 멈추어야만 했을까? 그렇지만 만약 몰두하던 일에서 벗어나면, 그는 오히려 더 낙담하지 않았을까? 테드는 무엇을 위해 살고 있는지 방향을 잃어버렸다. 그는 더욱 죽음에 대해서 생각하게 되었지만 그럴수록 자신이 결국에는 사망에 이른다는 사실을 직면할 준비가 되어 있지 않다고 깨달았다.

예전에는 불편한 생각들을 억제할 수 있는 것이 테드의 강점 가운데 하나였지만, 지금은 이런 부정적인 생각들을 마음에서 밀어내기가 어려워졌다. 분명히 그의 방어기제가 더는 작동하지 않고 있었다. 그가 겪기 시작한 악몽이나 갑작스러운 공황이 확실한 경고 신호들이었다. 그러나 그가 아무리 힘들게 이런 부정적인 생각들을 떨쳐내려고 해도, 이와 같은 증상들은 계속되었다. 최근의 것은 특히 그를 두렵게 했다. 급기야 자신의 심장 뛰는 소리를 듣게 되었고, 가슴 통증도 동반되었다. 숨을 쉬기도 어려웠다.

아이러니하게도 지금까지 한 번도 종교가 없었던 테드는 신앙생활하는 사람들을 동경하기 시작했다. 그들을 돌봐 주시는 하나님이 계시다는 믿음은 최소한 그들에게 위안을 가져다 주기 때문이었다. 그는 자신의 절망감에 도움을 줄 수 있는 것은 아무것도 없다고 느꼈다. 과거엔 모든 것이 훨씬 더 단순하게 보였다. 지금은 마치 그의 머릿속에서 계속 돌고 있는 레코드가 있어서 다음과 같은 질문을 반복해서 던지는 것 같았다. 나는 왜 지금 이 일을 하고 있을까? 그것이 내가 쓰러져 죽을 때까지 할 전부인가? 내가 지금 죽는다면 세상에 어떤 변화를 남기겠는가? 지금까지 살아 온 인생이 정말 가치가 있었을까? 평생 헛된 것을 따라온 것은 아닐까?

테드는 의지할 사람도, 지금의 불안에 관해서 이야기할 사람도 없다고 느꼈다. 그는 너무 바쁘게 자기 일에 몰두하는 아내와 점점 사이가 멀어져갔다. 자녀와의 사이도 마찬가지였다. 그에게 다른 가족은 없었다. 그는 외동이었고 부모님은 그가 20대 초반이었을 때 돌아가셨다. 게다가 친구도 거의 없었다. 일에 빠져 살면서 그는 이런 관계들을 유지하는 데 소홀했다.

그는 자신의 삶이 더는 자신의 것이 아니라 외부 요인들에 의해 좌우되고 있다고 느꼈다. 때로는 마치 그에게 무슨 일이 일어나고 있는 것처럼 느껴졌다. 일은 지루해져 즐거움이 사라진 일상이 되어버렸다. 아침에 자리에서 일어나는 일조차 무의미하게 보였다. 매일이 다른 날과 다를 바가 없었다. 그는 단지 움직이고 있을 뿐이었다. 그는 점점 더 자살에 대해 생각했다.

테드에게 무슨 일이 벌어지고 있는 것일까? 왜 예전에는 활기가 넘치고 추진력이 있던 사람이 이렇게 목적을 잃고 탈진했을까? 일에서도 흥미를 잃고 결혼 생활에서도 좌절을 느끼는 상황이 그의 불행에 일조했다는 것은 당연하다. 사랑과 일이라는 인생의 중요한 두 기둥이 허물어지기 시작했다. 삶과 죽음에 관한 불편한 생각들에 대해 잘 정비되어 있던 평소의 대비책도 효과가 없어졌다. 한층 깊이 들어가보면 테드는 실존적 불안을 겪고 있었는데 그것은 그의 본질적인 생각과 행동의 균열로써 그에게 자기 인생에 참 의미나 목적 또는 가치가 있는지 의문을 갖게 하였다. 일반적으로 삶에 대한 이러한 비관적 견해는 우리가 죽음을 피할 수 없는 유한한 존재임을 수용하는 데 어려움을 겪을 때 나타난다. 우리는 4장에서 테드를 다시 만날 것이다.

삶의 의미

삶의 의미는 무엇인가? 이것은 호모 사피엔스Homo sapiens가 이 땅에 살아온 시간만큼 오래된 질문이다. 삶의 의미를 찾는 일은 인간만이 추구하는 것으로 아마도 인류에게 가장 중요한 것일지도 모른다. 우리는 우리의 삶과 그 삶을 통해 하는 모든 일이 의미가 있는지 또는 어떤 중요성을 갖는지에 대해 의문을 가지는 유일한 종이다. 우리가 삶에 어떤 의미를 부여하는지 자문하는 것은 어쩌면 좋은 일일 수도 있다. 어떤 관점에서 보더라도 이 의문에 대해 고민하는 것은 인간으로서 효과적으로 살아가는 데 근본적으로 필요하다.

삶의 의미가 없거나 찾아보기 힘들다며 찾아온 사람들을 만날 때, 나는 그들이 혼란스러워하는 것과는 별개로 다양한 심리적 증상을 겪고 있음을 발견했다. 어떤 사람들은 심지어 자살 충동을 느끼고 있을 수 있다. 이와 같은 심리 상태의 중요성을 볼 때, 인류 모든 역사에 걸쳐서 신학자, 철학자, 심리학자, 진화론자, 우주론자들이 인생의 의미에 대한 의문에 관심을 두는 것은 놀랄 일도 아니다. 호모 사피엔스는 의식적이든 무의식적이든 언제나 이 질문에 대한 답을 탐구해왔으며 이것은 우리가 이 땅에 잠시 머무는 동안 삶이 우리에게 가르쳐주는 교훈을 이해하려는 노력과도 같다.

물론 테드만 혼자 실존적 불안감을 느끼는 것은 아니다. 인류가 처해 있는 비극은 어떻게 죽음의 공포를 다루는가에 관한 이야기이다. 즉 죽음이 항상 우리에게 미스터리로 남아 있다는 점을 감안하면서, 우리에게 다가오고 있다는 것을 이미 아는 그 죽음에 대처하기 위해 의식적이든 무의식적이든 어떤 종류의 방어 체계를 사용할 것인가에 관한 이야기이다. 이

때 바로 이 죽음의 미스터리 때문에 우리는 두려움을 갖게 되고 삶의 목적에 대해 질문하게 된다.

우리 가운데 많은 사람이 불안한 감정을 이면으로 밀어내는 데 꽤 능숙하다. 우리는 자신을 방어하는 데 전문가이다. 언제나 되도록이면 죽음에 대해서 생각하지 않고 반드시 죽는다는 필연적 결과에 대해 의식적으로 관심을 두지 않는다. 진화론적 관점에서 보면, 아마도 우린 그렇게 프로그램 되어 있는지도 모른다. 아이들이 어둠을 두려워하는 것처럼, 우리도 죽음을 상상하는 것만으로도 두려움에 휩싸인다. 그래서 우리는 죽음에 대해 생각하지 않으려고 한다. 그러나 원하지 않는 것을 보지 않으려고 매우 열심히 노력하지만 일반적으로 많은 사람이 만유 앞에서의 무의미함을 일상 속에서 경험한다. 이것이 바로 우리 삶을 비극적으로 만드는 우리의 현실이다. 왜냐하면 오직 인간만이 자신의 죽음을 이해하고 의식하면서 살아가는 유일한 종이기 때문이다.

인류의 진화론적 발달 단계에서 가장 중요한 사건인 전두엽의 발달로 우리는 언제나 모든 것이 왜 그러한지에 대해 의문을 가져왔다. 피할 수 없는 죽음을 인식함으로써 우리는 '왜 이곳에 존재하는가? 왜 인생은 끝이 있는가? 왜 그래야만 하는가?'와 같은 중요한 질문들을 던지게 된다.

죽음의 미스터리를 안고 있는 호모 사피엔스들은 삶의 의미를 찾아야만 했다. 우리는 필사적으로 의미 있는 인생을 만들기 원한다. 또 죽음에 대한 염려로 의미 없는 것에도 의미 붙이기를 마다하지 않는다. 수완 좋은 우리에게는 의미를 찾아내는 무궁무진한 방법과 무한한 자원이 있다. 다시 말해, 기막힌 머리 회전으로 모든 계획, 행사, 사건, 정황에도 의미를 부여할 수 있다. 우리는 인생의 의미를 이해하고 싶어할 뿐만 아니라 그 이상의 더 심오한 의미가 있는지 찾아내고자 한다. 우리는 무엇보다도 인생 자체가 무의미할지도 모른다는 것만큼은 받아들이기 어려워한다.

물론 삶은 전적으로 우리에게 달려 있어서, 오직 우리가 의미를 부여할 때만 유의미할 것이라는 이야기도 맞는 말이다. 우리에게는 단 한 번의 생만 있으므로 우리는 구별되는 흔적을 남기고 싶어 한다. 그렇지만 이것은 우리가 얼마나 기억할 만한 공헌을 했는가에 달려있다. 그렇게 하는 것은 자존감에 긍정적인 영향을 줄 것이다. 만약 우리가 의미를 만들어낼 수 있다면, 우리는 훨씬 좋은 상태가 될 것이다. 그러나 우리의 자존감은 부서지기 쉬운 꽃과 같아서 의미를 만들어내려는 노력은 아마도 쉽게 평정심을 잃게 만들지도 모른다. 우리는 기대하는 바를 찾지 못할 수 있다. 우리 마음의 상태는 외부 사건에 영향받을 수도 있다. 불안정을 느끼고 자신에 대한 인식을 손상시키는 데는 그다지 많은 것이 필요하지 않는다. 집안에 닥친 비극처럼 우리 삶에 극적인 일이 생길 때, 의미를 만들어내고 싶은 우리의 욕구가 타오르게 되는 것은 놀랄 일도 아니다. 이러한 상황들은 우리의 자존감을 흔들어 놓고 우리가 이 땅에 존재하는 이유에 대해서 더욱 깊이 파고들게 한다. 많은 사람이 그들의 믿음에 의문이 생길 때, 이런 불균형을 경험한다. 만약 그들이 하나님이 계시다는 것과 위안이 될 수 있는 영생에 대한 믿음을 부인한다면 과연 무엇이 남겠는가? 그들은 어떻게 그 공허함을 채울 수 있겠는가?

분명히 삶의 모든 실존적 도전과 드라마, 고난이 있지만 인간으로서 우리가 심리적으로 살아남을 수 있게 해주는 것은 어떤 형태로든 의미를 찾는 것이다. 우리 가운데 많은 이에게 최악의 상황은 생명을 잃는 것이 아니라, 오히려 살아갈 이유를 잃는 것이 더 나쁠 것이다. 우리 대부분에게 삶은 오직 우리가 살아가도록 열정을 불어넣어주는 구체적인 목적이 있을 때만 가치 있는 인생이 된다.

의미와 목적 정의하기

의미는 목적이나 중요성으로 재정의할 수 있다. 그것은 우리가 중요한 목표에 따라 인도되는 그리고 동기부여되는 삶을 경험하는 수준이라고 말할 수 있다. 다시 말해, 우리가 무엇을 하든 그것이 중요한가이다. 우리는 심지어 의미를 우리가 살아가야 한다고 생각하는 방식에 따라 살아온 삶의 경험적 부산물로 볼 수도 있다. 동시에 우리는 의미가 또한 '의미'의 의미처럼 더 깊은 층들로 되어 있다는 것을 발견할 수 있다. 왜냐하면 그것은 우리가 의식하지 못하는 어떤 것을 전달하려는 의지를 포함할 수 있기 때문이다. 만약 우리에게 의미 있는 것이 무엇인지 알고자 한다면, 아마 밝혀내야 할 더 깊은 의미의 층들이 있을 것이다. 이와 같은 방식으로 의미는 흔히 미스터리 속에 감추어진 생각과 경험이 된다.

영어권 세계에서 의미에 대한 혼동이 초래된 것은 의미라는 단어가 영어에서 여러 가지로 해석되기 때문이다. 다른 많은 나라는 이와 달리 의미의 다른 개념에 대해서는 다른 단어를 사용한다. 예를 들어, 네덜란드나 독일에는 감각을 뜻하는 zin/sinn과 의미의 뜻을 가진 betekenis/bedeutung 사이에 명확한 개념적 차이가 있고 이러한 상반된 개념이 모든 인문학에서 중요한 역할을 한다. 대부분 전자는 개인의 삶에 기반을 둔 주관적으로 개인화된 의미를 나타낸다. 반면, 후자는 해당 언어 사용자들의 공동체에서 공유되는 문화적으로 정의된 불변의 사실을 뜻한다. 그러나 이러한 차이로 인해 우리가 의미라는 단어를 통해 무엇을 의미하는지는 더 헷갈리게 된다.

의미와 목적은 어떤 것의 가치나 중요성을 언급할 때 자주 올바르게 사용되지만 일반적으로는 구별없이 사용되는 경향이 있다. 예를 들어, '내 목적은 무엇인가 의미 있는 것을 창조하는 것이다'의 문장에서 보는 것처럼 삶의 의미나 목적은 삶의 가치나 중요성을 말한다. 그렇지만 이러한 호환이 당연한 것은 아니다. 일례로 '내 삶은 의미가 없다'와 '내 삶에는 목적이 없다'는 같지 않다. 의미는 어떤 것의 상징적인 중요성인 반면 목적은 달성하려는 객관적인 목표로서 대상, 표적 또는 성취에 해당한다. 그러므로 무엇인가 의미한다는 것은 가치가 있고, 규정할 수 있으며 중요하다는 것이다. 그러나 목적을 갖는다는 것은 무엇인가에 가치를 부여하고, 무엇인가를 중요하게 만드는 것을 말한다. 다시 말해, 목적은 인생의 중요한 결정을 도와주고 행동에 영향을 미치며 성취를 정의하고 방향감을 가질 수 있게 하며 의미를 만들어낸다. 즉 목적에는 미래가 함축되었다고 말할 수 있다. 그에 반해서 의미는 목적의 결말이다. 의미는 과거, 현재, 미래를 다 포함한다. 물론 목적 의식 없이 의미를 찾기란 어려운 일이다. 더불어서 때론 우리의 목적이 무엇이든 상관없이 의미가 전혀 없을 수도 있다. 우리는 아마 무의미하고 헛되며 공허하고 무익한 일을 하고 있을지도 모른다.

그러나 우리는 또한 의미를 만들어내고 싶은 마음이 정말 불가피한 것인지 자문해볼 수 있다. 그것은 인류의 한 구성원이 되기 위해 받게된 저주인가? 우리의 의미 추구는 진보된 두뇌로 인해 필연적으로 나타난 결과,

즉 정신 세계의 부작용인가? 아니면 우리가 '나는 누구인가'라는 최고의 질문에 대한 답을 찾는 과정에서 나온 파생물인가? 우리의 의미 추구가 저주이든 아니든, 우리 인류가 그 모든 활동을 통해 고뇌의 지점에 이를때까지도 의미를 찾아 나선다는 것은 명확하다. 그것은 신을 경배하는 것일 수도, 과학 연구일 수도, 정치 활동일 수도, 기업 활동일 수도 또는 예술일 수도 있다. 호모 사피엔스는 근본적으로 우리가 하는 어떤 것이라도 의미가 없다는 것을 받아들이기 어려워한다. 심지어 우리는 무의미해 보이는 활동들에서도 의미를 찾으려고 애를 쓴다. 우리는 우리가 바람에 날아가버리는 먼지와 다를 바가 없을지도 모른다는 것, 즉 모든 인간의 노력과 존재가 아무것도 아니라는 것을 좀처럼 인정하지 못한다.

본능과 내면 세계

비록 의미를 탐색하는 일이 인류에 대한 저주라고 할지라도 그것은 바로 우리를 인간답게 만들어준다. 의식은 오직 인간만이 가진 것이다. 동물 세계에서는 본능과 외부 자극이 그들의 행동에 영향을 미친다. 동물은 그들을 둘러싼 환경에서 발생한 자극에 즉시 반응한다. 우리는 동물들이 삶의 의미에 대한 염려 없이 그들이 할 일을 할 뿐이라는 것을 짐작할 수 있다. 그들은 먹이나 짝을 구하지 못하는 것을 걱정할지는 몰라도 깨달음이나 의미를 찾는 것에 대해 고심하며 시간을 보내지는 않을 것이다. 그러나 호모 사피엔스에게 의미는 매우 중요한 역할을 한다. 의미로 인해 우리는 상이한 법칙에 따라 살아가는데 그 가운데 일부는 동물의 세계에서 전해진 것이지만 또다른 일부는 이것과는 확연히 구별되는 인간다움에서 온 것이다. 우리의 내면 세계는 의미를 통해 형성되는데, 그것은 단순히 외부 세계에 대한 기억이나 고찰 또는 그 이미지가 아니다.

그러므로 인간에게 의미 없는 삶은 동물적 무의식이 갖는 존엄조차도 없다. 우리에게 삶이란 단순히 먹고, 자고, 먹거리를 찾고, 번식하는 것이 아니다. 의미를 찾는 존재로서, 우리는 인생에서 더 많은 것을 원한다. 그것은 단지 '지금 그리고 여기'에서의 욕구와 필요를 넘어서는 것이다. 내면 세계를 통해 우리는 우리가 누구인지 무엇이 우리에게 중요한지 알고 싶어 한다. 우리는 우리의 신념과 가치에 따라 살아가기 위해서 우리를 둘러싼 외부 세계가 우리의 인생관에 어떤 영향을 미치는지, 우리 내면 세계가 우리가 어떤 일을 하는 이유에 어떻게 영향을 주는지 이해하기 원한다. 저마다 다른 인생사에 따라 의미를 찾아가는 과정에도 각기 다른 특성이 있다. 따라서 우리 각자에게는 참 나를 찾아가는 여정이 필요하다. 동물과는 다르게 우리는 우리가 무엇을 생각하든 무엇을 하든 개인의 소우주와 연결시킬 수 있다. 우리의 행동은 내면 세계에서 형성되는 타당성, 즉 내면의 서사가 우리가 할 일을 하도록 얼마나 동기부여하는지에 따라 비롯된다. 그 서사가 우리를 독특하게 만들어 주는 것이다.[1]

---

1) Joyce McDougall(1991). Theatres of the Mind. London: Routledge.

02
죽음의 그림자

"신들을 두려워하지 마라, 죽음을 걱정하지 마라
; 좋은 것은 얻기 쉽고 끔찍한 것은 견딜 만하다."
- 에피쿠로스 Epikouros

나는 지옥에 가고 싶지, 천국을 바라지 않는다. 전자의 경우 나는 교황들, 왕들 그리고 왕자들과 함께하는 것을 즐길 것이다. 반면, 후자의 경우에는 오직 거지들과 승려 그리고 사도들과 함께할 것이다.
- 니콜로 마키아벨리 Niccolò Machiavelli

생물학적으로, 죽음은 모든 생체 기능이 영원히 멈추는 것이다. 동물들에게 죽음이란 뜻밖의 일일 것이다. 그렇지만 인간에게는 그렇지 않다. 앞서 언급한 것처럼, 인간의 두뇌 발달로 인해, 우리는 앞서 계획하는 능력이 있다. 우리에게는 선견지명의 '재능gift(이것이 적절한 단어라면)'이 있다.

우리는 미래를 예측할 수 있다. 즉 받아들이기 어려울지 몰라도 결국 죽을 것이라는 것을 안다. 호모 사피엔스는 우리가 이 땅에 머무는 기간이 유한하다는 전망에 눌려 있다. 끝이 있음을 깨닫기 때문에 우리는 의미를 찾게 된다. 여러 가지 측면에서 의미와 죽음은 동전의 양면처럼 보이는데 이는 인류가 처한 상황에서 근본적으로 문제가 되는 복잡한 지점이다.

불행하게도 선견지명이라는 희비가 엇갈리는 장점 때문에 우리는 절망보다는 오히려 숭고함을 갖고 피할 수 없는 죽음(가까운 지인의 죽음까지)을 맞이할 수 있는 방법을 고민하게 된다. 많은 철학자가 우리가 그렇게 할 수 있는지에 대해 비관적인 견해를 가져왔다. 아서 쇼펜하우어Arthur Schopenhauer도 그 가운데 하나였다. 그는 "만약 우리 인생이 당면한 직접적인 목적이 고통이 아니라면, 이 세상에서 우리의 존재는 그 목적에 가장 부합하지 못한다. 왜냐하면 근원적으로 삶에 수반되는 어려움과 고충에서 비롯되어 세상에 가득한 끊임없는 고통이 의미가 없고 전적으로 우연히 발생한 것이라는 말은 터무니없기 때문이다. 개개의 불운은 확실히 예외적인 사건인 것처럼 보인다. 그러나 불운은 일반적인 법칙이다."[1]라고 말했다. 쇼펜하우어는 분명 힘을 북돋는 사람은 아니었다. 그는 우리가 처한 상황을 비관적으로 바라보았다. 그러나 그가 이야기한 바와 같이, 죽음에 대한 우리의 태도는 행복한 생을 위한 우리의 태도에 중요한 영향을 미친다.

죽음이란 무엇인가? 그것은 단지 생물학적 생체 기능이 멈추는 것인가? 그 이후에는 아무 것도 없는 최후인가? 영혼의 소멸인가? 의식의 끝

---

1) Arthur Schopenhauer (1981). "On the sufferings of the world," in The Meaning of Life, ed. E.D. Klemke, Oxford: Oxford University Press, p.45.

인가? 아니면 존재의 소멸인가? 우리의 육체가 원소들로 돌아가는 육체의 분해는 모든 비극을 끝내는 비극인가?

대부분 사람에게 자기 육체가 결국 분해된다는 것을 상상하는 것은 매우 어렵기 때문에, 그런 상황을 그려보는 것은 '그것이 인생의 전부인가? 그리고 결국 죽음으로 끝난다면 삶에 무슨 의미가 있는가?'라는 의문을 갖게 한다. 좀 더 희망적으로 보는 사람들은 틀림없이 무엇인가 깊고 중요한 변치 않는 의미가 있을 것으로 생각한다. 즉 우리의 이해 능력을 초월한 어떤 의미 말이다.

죽음에 대한 우리의 태도가 어떻든 다음의 아주 간단한 이유 때문에 그것에 관해 이야기하는 것은 중요하다. 우리가 어떤 상황에 있든 죽음은 우리가 하는 모든 것에 영향을 미치면서 머리 위 먹구름처럼 주변을 맴돈다. 물론 사람마다 죽음을 경험하는 방식에는 차이가 있다. 어떤 이에게 죽음은 여전히 멀리 있는 방문자처럼 여겨진다. 그렇지만 다른 사람들에게 죽음은 건강의 악화와 노환으로 인해 매우 가깝게 느껴진다. 나에게는 가족이나 친한 친구의 사망과 같은 많은 사례가 있다. 이런 경우 죽음이란 수수께끼는 개인적인 것이 되고 만다. 나는 죽음이 내가 사랑하고 아끼던 사람들과 나를 갈라 놓는 방식에 대해 매우 염려하고 있다. 나는 더는 죽음을 내 현실에서 동떨어진 먼 사건으로 생각할 수 없다. 나는 더는 죽음과 거리를 둘 수 없다. 오히려 그런 일련의 사건들은 나에게 피할 수 없는 것을 직면하게 만든다. 나는 언제 내 차례가 오는가에 대한 생각을 떨칠 수 없다. 그와 동시에 나와 가까운 사람이 죽을지도 모른다는 근심도 하게 된다. 나는 실제로 그런 일이 벌어졌을 때, 어떻게 헤쳐 나갈지 자문해본다. 또 많은 다른 사람처럼 사후에 나에게 어떤 일이 일어날

지 걱정된다. 왜냐하면 특히 사후 세계는 상상이 안 가는 미지의 세계이기 때문이다. 우리는 그 모든 불확실함을 쉽게 받아들이지 못한다.

죽음은 삶의 의미를 훼손하거나 더하고 또는 삶에 의미를 부여한다고 다양하게 회자된다. 죽음에는 심리적, 종교적, 사회적, 문화적인 매우 다양한 의미들이 결부되어 왔다. 인류 역사의 시작 이래로 우리는 언제나 죽음이 야기하는 불확실성을 다루는 데 큰 어려움을 겪어왔다. 이러한 불확실성을 해결하기 위해서 우리는 사후 세계에 대한 믿음으로 안정을 찾으며, 다양한 종교를 통한 위안을 추구해왔다. 많은 사람은 그들이 죽지만 영혼은 영원히 산다는 생각으로 자신을 위로한다.

결국 얄궂게도 우리 가운데 많은 수가 여러 가지 의례적이고 때로는 심지어 망상적인 활동들에 자신을 가두었다. 우리는 죽음에 관한 생각을 떨치기 위해 아마도 토템, 터부, 교회, 회당, 사찰, 사원에 의지할지도 모른다. 우리는 사후 세계를 바라보는 우리의 방식이 맞다고 관철시키기 위해 죽기까지 싸울 준비를 한 채 종교 전쟁에 돌입해왔다. 세계의 많은 종교들은 받아들이지 않는 사람들을 다루기 위해 사후 세계에 대해 명확한 이미지와 묘사를 사용한다.

예를 들어, 흔히 에르 신화Myth of Er[2]라고도 불리는 플라톤의 저서 국가 The Republic 마지막에 실린 종말론적 신화를 살펴보자. 거기서 플라톤은 모든 시대를 통틀어 가장 위대한 철학적 질문들 가운데 하나를 제기한다. "우리가 죽으면, 우리의 영혼은 어디로 가며, 우리가 태어날 때, 그것은 어디에서 오는가?" 그것은 전장에서 죽음을 맞이한 한 군인 에르Er의 이야기이다. 그러나 그는 수일 후 이 세상 너머에서 경험한 것을 알리기 위

---

2) Plato (2007). The Republic. New York: Penguin Classic

해 화장용 장작더미에서 다시 살아났다. 에르는 이 땅에서 어떻게 살아왔는가에 따라 각 영혼이 갈 길을 결정하는 심판관들에 대해 이야기한다. 선인들은 천국으로 인도되지만, 악인들은 지옥으로 간다. 천국에서 온 영혼들은 깨끗한 상태로 좋은 느낌이 가득한 곳에 대해 이야기한다. 반면에 땅 속에서 올라온 영혼들은 더러우며 그들이 생전에 행했던 것들 때문에 받는 징벌로 그들이 직면했던 고통에 관해 말한다. 결국 그 영혼들은 새로운 육체로 다시 태어나 새로운 삶을 산다. 그러나 그 새로운 삶은 전생에서 살아온 방식과 죽을 때 그들 영혼의 상태가 반영될 것이다.

그 이야기는 우리가 한 선택들과 우리가 어떤 모습으로 살아왔는가가 사후에 영향을 미친다는 것을 확실히 경고하고 있다. 그것이 주는 단순한 교훈은 많은 종교에서 보듯이 의인은 죽은 후에 보상을 받고 악인은 혹독한 형벌을 받는다는 것이다. 그 이야기에서 얻을 수 있는 또 다른 교훈은 죽음을 맞이하기 전에 의미 있는 삶을 살아야 한다는 것이다.

많은 종교가 살아있는 동안 보여준 삶의 모습에 따라 사후에 받을 상과 벌에 관해 말한다. 티베트 사자의 서Tibetan Book of the Dead는 사후에 겪게 될 일을 생생하게 보여주는 좋은 예이다. 그것은 사후 세계에 대한 티벳인들의 관점을 심도 있게 보여주는 일종의 사후 안내서로서 죽음 후에 무엇이 기다리는지 알려주는 조사弔詞이다. 이 글은 저 너머 영역의 광경들에 대한 다양한 묘사와 함께 궁극적으로 해방에 도달하는 방법, 또는 그렇게 하지 못한 경우 안전하게 다시 태어나는 방법을 포함하고 있다. 그 책에 따르면, 우리는 깨우치게 되거나 아니면 윤회의 늪에 빠져서 출생부터 노화, 질병 그리고 죽음에 이르기까지의 모든 고통을 반복해서 겪기 위해 다시

태어날 것이다.³⁾

내생에 관한 또 하나의 좋은 예는 시인 단테 알리기에리Dante Alighieri와 초기 이탈리아 르네상스 화가 산드로 보티첼리Sandro Botticelli의 결합된 예술적 상상력을 보여준다. 불지옥inferno과 그곳에서의 해학적이지만 끔찍한 고문 장면은 오늘날에도 여전히 사람들의 관심을 끈다.

신앙인들과는 대조적으로 다른 사람들은 죽음이 모든 것의 끝이라고 생각한다. 그들은 신이 없다고 주장한다. 그들은 이해할 수 없는 것을 이해해 보려는 시도로써 의미를 찾아 헤매는 인류의 처절한 몸부림으로 신이라는 개념을 바라본다. 실존심리학자인 어빈 얄롬Irvin David Yalom은 "죽음에 대한 공포는 모든 종교의 시작이며, 그것은 어떻게 해서든 우리의 유한함에 대한 고뇌를 잠재우려고 한다."⁴⁾라고 말했다. 신에게 별로 관심이 없는 사람들에게 종교란 죽음에 대한 위안을 찾는 방법으로 생각되지는 않는다. 반대로 그들은 종교라는 장막 뒤에는 인간의 상상력이 만들어낸 것 외에는 아무것도 없다고 말한다. 어떤 사람들은 무신론자들이 삶의 진리에 가장 가까이 있다고 이야기한다. 그들은 온전히 현실을 직시하고 자신을 속이지 않는다. 그들은 우리가 어디서 와서 어디로 가는지 알지 못하므로, 우리는 상상할 수 있는 모든 것으로 이 공백을 채우려고 한다고 지적한다. 그리고 그들은 종교에 의존하는 것이 의미를 찾는 길에서 벗어날 수 있는 쉬운 방법이라고 생각한다. 그들은 또한 신의 존재를 믿지 않는다 할지라도 건설적이고 의미 있는 삶을 사는 것이 가능하다고 여긴다. 진화생물학

---

3) https://www.holybooks.com/the-tibetan-book-of-the-dead-2/. 『티벳 사자의 서』 류시화 옮김. 정신세계사
4) Irvin D. Yalom (2008). Staring at the Sun: Overcoming the Terror of Death, San Francisco: Jossey-Bass. 『보다 냉정하게, 보다 용기있게』 이혜성 옮김. 시그마프레스

자 줄리안 헉슬리Julian Huxley의 말을 빌리면, "그런데 만약 신과 불멸의 존재를 부인한다면, 무엇이 남겠는가? 이것은 무신론자가 늘 되뇌이는 질문이다. 그러나 그것은 단지 자신의 신념에 익숙해졌기 때문일 것이다. 사실상, 많은 것이 남아 있다. 많은 사람이 신이나 불멸에 대한 믿음 없이도 능동적이거나 자기 희생적이거나 고상하거나 헌신적인 삶을 살아왔다. 변질되지 않은 형태의 불교에는 그런 믿음이 존재하지 않는다. 19세기의 위대한 불가지론자들도 마찬가지였고 정통 러시아 공산주의자들 그리고 스토아학파도 역시 그러했다. 물론 불신자들은 흔히 이기적이고 악한 행동들을 저질러왔다. 그러나 신앙인들도 마찬가지였다. 어쨌든 그것은 근원적인 문제가 아니다. 중요한 것은 이러한 믿음 없이도 사람들이 모두 충만하고 의욕적인 삶의 원동력을 여전히 가질 수 있고, 대부분 신앙인들이 그러하듯 우리의 존재에는 가치가 있다고도 확신할 수 있다."5)

그렇지만 일부 무신론자들은 그다지 긍정적이지 않다. 그들은 인생에 대해 더 비관적인 관점을 가지고 있다. 그들은 만약 우리가 그저 죽어가고 있는 것이라면 사는 게 무슨 의미가 있느냐고 묻는다. 사실 그들은 피할 수 없는 죽음이라는 개념이 우리의 삶을 매우 불합리하게 만든다고 말한다. 만약 그것이 정말 사실이라면, 우리는 죽음을 서둘러야 하지 않겠는가? 왜 우리는 고통을 연장해야 하는가? 예를 들어, 장 폴 사르트르Jean-Paul Sartre에게 존재의 '불합리성absurdity'이란 무심하고 냉정한 우주에서 의미와 목적이 있는 삶을 살려는 노력의 필연적 결과이다. 그는 신은 없기 때문에 인간의 행동이나 선택이 합리적이라고 말할 수 있는 완벽하고 절

---

5) Julian Huxley (2006). Man in the Modern World. London: Hesperides Press.

2장. 죽음의 그림자

대적인 시점은 없다고 주장한다.[6] 그것은 또한 알베르 카뮈Albert Camus가 자살만이 유일하게 진중한 철학적 질문이라고 여긴 이유이다.[7] 확실히 카뮈에게 삶이란 불합리한 것이다. 그러므로 만약 대부분 사람이 고통이 수반된다는 것을 인지하는 상황 가운데 우리의 삶에 의미가 없다면, 고난이 다가오는 것을 기다리는 대신에, 그냥 그것을 끝내 버려야 하지 않겠는가? 유일한 의지적 행동으로 말이다. 그러나 어떤 인생관Weltanschauung에 동의하든 우리 각자는 피할 수 없는 죽음을 생각하면서 인생의 의미를 자신만의 방법으로 스스로 탐구할 준비를 해야 한다.

톨스토이의 고뇌

죽음과 인생의 의미는 언제나 세계 문학에서 두드러지게 등장해왔다. 예를 들어, 죽음과 인생의 의미는 위대한 러시아 작가이자 도덕주의자 레오 톨스토이Leo Tolstoy의 유명한 소설인 「이반 일리치의 죽음The Death of Ivan Ilych」[8]의 주제이다. 톨스토이는 죽음이 문턱에 설 때까지 단 한 번도 죽음이 불가피하다고 생각하지 않았던 세속적인 출세주의자인 고등법원 판사의 이야기를 들려준다. 그는 임박한 죽음에 직면한 이반 일리치의 인생관을 묘사한다.

---

6) Jean-Paul Sartre (1993). Being and Nothingness. New York: Washington Square Press. 『존재와 무』 정소성 옮김. 동서문화사
7) Albert Camus (2018). The Myth of Sisyphus. New York: Vintage Books. 『시지포스 신화』 오영민 역. 연암서가
8) Leo Tolstoy (2012). The Death of Ivan Ilych. New York: Vintage Classics. 『이반 일리치 죽음』 이강은 옮김. 창비

그 소설에서 톨스토이는 출생부터 죽음까지 이반의 삶을 추적한다. 그 이야기에 따르면, 삶을 통틀어 이반에게는 피상적이고 물질적인 것만이 중요했다. 톨스토이는 죽어가는 사람의 초상화를 그리는 것뿐만 아니라 또한 우리가 상상 속에서 죽음을 다루는 방법을 이해하도록 도와준다. 이반 일리치는 우리 대부분 사람과 마찬가지로 항상 죽음을 부정하면서 자신의 죽을 운명에 대해 자각하지 못하며 살아왔다.

이반이 임종을 앞두고 있는 동안, 그는 어떤 까닭인지 그가 죽어가는 것이 아니라 병든 것이고 단지 조용히 치료 과정을 견디면 뭔가 좋은 일이 일어날 것이라고 사람들 모두가 받아들인 그 속임수와 거짓에 너무나 괴로워했다. 특히 그를 둘러싼 사람들은 그들 모두가 알고 있는 그리고 그에게 드리워져 있는 사실, 즉 그가 죽어가고 있음을 인정하지 않는다. 엄중한 상황인데도 죽어가는 사람이나 그를 돌보는 사람들은 모두 무슨 일이 일어나는지에 온전히 관심을 기울일 준비가 되어 있지 않았다. 그의 가족과 동료 대부분에게 이반의 임박한 죽음은 그들이 애써 잊어버리고 싶은 불편한 것이다. 그들은 삶이 늘 그러하듯 이반의 입장에 있지 않다는 것에 안도한다. 그러나 동시에 그들 역시 죽음을 맞이할 것임을 상기하게 되므로 불안하다. 인류학자인 마가렛 미드Margaret Mead는 "한 사람이 태어날 때, 우리는 크게 기뻐하고, 그들이 결혼하면, 환호한다. 그렇지만 그들이 죽을 때, 우리는 아무 일도 일어나지 않은 척하려고 한다."[9]라고 말했다. 톨스토이는 죽어가는 과정의 끔찍한 고독을 적나라하게 기술했다.

지금 그의 임종 자리를 둘러싼 거짓들로 인해 이반은 살아생전 늘 있었던 거짓들을 더욱 자각하게 되었다. 죽음을 맞이하기 전에는 한 번도 자

---

[9] https://www.quotetab.com/quotes/by-margaret-mead/3.

신이 인생에서 한 선택들이 올바른 것이었는지 생각해보지 않았다. 지금에서야 그는 언제나 자신을 속여왔다는 것을 깨닫는다. 이제서야 그는 그가 살아오는 동안 산송장과 다를 바 없었다는 진실을 마주할 준비를 하게 된다. 그가 해온 것이 무엇이든 그것은 탐욕과 편안을 추구한 결과였다. 주위의 공허한 찬사를 받으며 정부의 여러 요직에 오르는 동안 가족과의 관계에는 소홀했다. 그의 삶은 열정이나 강한 신념 또는 가치 없이 흘러왔다. 임종을 앞둔 지금 이반은 자신이 진짜로 살아온 적이 없었기 때문에 죽고 싶지 않다는 것을 깨닫는다. 너무 늦어버린 지금에 와서야 그는 자신에게 주어진 삶을 낭비했는지 자문할 준비가 되었다.

치명적 질병에 더하여 이반은 깊은 영적인 불안감에 사로잡혀 있다. 죽음이 다가올수록 그에게는 전혀 다른 삶을 살 수 있었을 것이라는 생각이 드리워졌다. 즉 그는 사람들과 의미 있는 교류를 통해 깊은 관계를 맺을 수 있었다. 그렇지만 그의 삶은 이기적이고 무의미했다. 흥미롭게도 생이 끝나가고 있는 이 순간 이반은 영적인 전환점을 맞이하는 것처럼 보인다. 그는 죽어가면서 그가 살아온 생의 무가치함을 깨달으며 그리스도를 받아들이고자 하는 듯하다.

이반 일리치의 이야기를 통해서 톨스토이는 모든 사람은 죽지만 모든 사람이 사는 것은 아니라는 것을 보여준다. 삶의 비극은 우리가 살아 있으면서 우리 내면에서 죽어가는 것이다. 그는 삶을 바라보는 물질적인 세계관의 무의미함을 나타내기 위해 이 글을 썼을지도 모른다. 다시 말해, 진정으로 의미 있는 삶은 의미 있는 관계들로 채워져 있다. 물질은 영원하지 않다. 명성도 영원히 지속하지 않는다. 권력도 끝이 있다. 그리고 우리의 육체도 죽음을 맞이한다. 그러나 타인의 마음에 울림을 주던 손길은 영원히 남을 것이다.

   톨스토이의 사후 세계에 대한 이러한 복잡한 시각은 "죽음 대신에 빛이 있었다."라는 주인공 최후의 깨달음으로 나타난다. 비록 이반 일리치의 삶을 하찮은 물질만능주의와 허례허식으로 묘사했을지라도 그가 임종하는 자리에서 내뱉은 회개가 그를 하나님 앞에서 구원으로 이끌었을 것이라고 톨스토이는 말한다(톨스토이는 급격하게 기독교로 개종하고 나서 6년 뒤에 이 소설을 썼다). 그는 죽음이 매우 가까이 왔을 때 우리 모두가 잠잠히 용기 있게 죽음을 받아들이고 맞이하게 될 것이라는 희망으로 글을 마친다.

03
선문답 Zen Kōan

어떻게 살아야 하는지도 모르면서 어찌 죽음을 알 수 있겠는가
- 공자

나는 사람들을 조롱하지도 멸시하지도 않고 오히려 이해하려고 무던히 애써왔다.
- 바뤼흐 스피노자 Baruch de Spinoza

선문답에는 삶의 의미와 죽음이 나란히 잘 묘사되어 있다. 톨스토이의 소설처럼, 그것은 우리가 어떻게 삶을 의미 있게 살 수 있는지에 대한 상징으로 가득 차 있다.

여행하던 한 남자가 황야에서 호랑이와 마주쳤다. 너무 두려워 그는 도망쳤지만 호랑이는 그를 뒤쫓았다. 벼랑 끝에서 그는 포도나무 뿌리를 보았다. 그는 그것을 움켜쥐고 호랑이를 피해 절벽에 매달렸다. 호랑이가 위에

서 으르렁거리며 벼랑 끝으로 다가왔다. 그러나 그에게 닿지는 못했다. 공포로 떨면서 남자는 아래에 있는 물가를 내려다보았다. 실망스럽게도 또 다른 호랑이가 그가 떨어지기를 기다리고 있는 것을 보았다. 그는 "나보다 더 끔찍한 상황에 처한 사람이 있을까?"라고 말했다.

바로 그때, 각각 하얗고 검은 쥐 두 마리가 낙엽에서 뛰쳐나오더니 포도나무 뿌리를 갉아먹기 시작했다. 쥐가 계속해서 물어 뜯자 그 남자는 자신이 처한 운명을 직감하게 되었다. 그 순간 바로 옆의 튀어나온 바위에 달려 있는 먹음직한 딸기가 눈에 들어왔다. 한 손으로는 줄기를 움켜쥐고 다른 손으로 딸기를 땄다. 얼마나 맛있었는지, 얼마나 달콤했는지!

이 선문답에는 다양한 해석이 존재한다. 이 이야기는 분명히 우리 삶의 한 장면처럼 보인다. 우리는 "죽음이 목전에 있을지도 모른다.", "순간을 살아야 한다.", "마치 오늘이 우리의 마지막 날인 것처럼 살아가야 한다."라는 이야기를 얼마나 많이 듣는가? 선문답은 시공간 속 매 순간이 우리가 결코 다시는 살아갈 수 없는 시간이라는 점을 지적한다. 상징적으로 우리는 두 마리의 호랑이를 여행자가 포도나무 뿌리를 잡고서라도 피하고자 노력했던 죽음과 고난에 대한 공포라고 볼 수 있다. 흰 쥐와 검은 쥐는 죽음을 대하는 옳은 길과 그른 길을 나타낸다. 쥐는 또한 낮과 밤을 표현하는 것일 수도 있는데 이 땅에서 우리의 시간이 점점 줄고 있음을 보여준다. 딸기는 삶이 주는 모든 좋은 것을 상징하는 것이다. 딸기를 먹는다는 것이 단지 현실에서 도피한다는 의미는 아니다. 그것은 현실의 모습 그 자체를 묘사한다. 그것은 매일을 누리는 것과 스스로 행복한 순간을 만들어가는 것의 중요성을 가르쳐 준다. 포도는 인생의 시간표, 즉 절벽과 땅바닥 사이에 매달려 있다가 종국에는 죽음에 이르는 것을 의미한다.

그 여행자의 운명은 확실히 결정되어 있다. 결국 두 마리의 호랑이 중 하나에게 잡아 먹히는 결론만이 있다. 그의 죽음은 불가피한 것이다. 물러설 곳이 없기에 그는 자신이 처한 상황을 더 잘 수용하게 된다. 피할 수 없는 운명을 받아들이기를 원하지 않는 이야기 속 주인공처럼 우리 가운데 많은 이도 우리 앞에 드리워진 죽음의 그림자에서 도망치기 위해 할 수 있는 것을 붙잡는다. 우리는 살아있게 해주는 방편이라면 무엇이든 집착하기 때문에 딸기에 손을 뻗는다. 우리가 아무리 힘들게 노력한다고 해도 결국, 사망으로 인도하는 쥐들은 삶의 포도 줄기를 조금씩 갉아먹을 것이다. 한 가지 의문은 그들이 그것을 마칠 때까지 얼마나 걸릴 것인가이다. 즉 언제 죽음에 이르게 될 것인가?

삶이란 찰나이며 우리는 영원히 살지 못한다는 것이 이 이야기의 핵심 내용이다. 모든 순간은 빠르게 다가온 만큼 빠르게 지나간다. 그러나 우리 삶이 펼쳐지는 방식을 볼 때 앞으로 벌어질 일에 대해 조바심을 내지 않는 것이 지혜로울 것이다. 지금, 이 순간에 살아가는 것이 최선의 선택이다. 지금이 우리가 내다볼 수 있는 모든 것이다. 그리고 죽음을 피할 수는 없기에 죽음에 완전히 사로잡히지 않는 것이 현명하다. 그렇지 않으면 걱정과 의심이 우리의 현재와 미래의 독이 될 것이다. 우리 앞에 놓인 모든 딸기에 손을 뻗는 것만이 행복하고 충만하게 살아갈 수 있는 유일한 방법이다.

선문답에 따르면, 어떤 최악의 경우에도 행복한 순간을 찾는 것은 가능하다고 한다. 죽음이 삶의 덩굴을 완전히 갉아먹지 않는 한 우리는 최선을 다해 삶의 모든 순간을 즐겨야 한다. 철학자였던 마르쿠스 아우렐리우스 황제는 "우리가 두려워해야 하는 것은 죽음이 아니라 한 번도 삶을 시작하지 않은 것을 두려워해야 한다."라고 말했다. 우리는 정말로 삶을 충실하게 살아가야 한다. 우리는 이반 일리치처럼 되어서는 안 된다.

인생 여정에서 우리는 태어나고 죽는다. 피할 수 없이 임박한 죽음은 우리가 이 땅에서의 제한된 시간을 소중히 여겨야 한다는 것을 의미한다. 우리는 삶을 최대한 활용해야 한다. 행복한 순간들을 만들어내야 한다. 자기 인생에 의미를 주는 것들에 중점을 두어야 한다. 이것은 우리가 삶에 대해 깊이 감사하면서 최대한 탐구하고 우리의 경험들을 가치 있게 여겨야 한다는 것이다. 소크라테스의 유명한 말처럼 "돌아보지 않는 삶은 가치가 없다."뿐만 아니라 우리는 삶이 우리에게 준 것들에 대해 감사하는 것을 잊어서는 안 된다.

톨스토이는 그의 반자전적 책인 『고백록 A Confession』에서 이 선문답 kōan과 매우 흡사한 우화를 소개한다.[1] 그 책의 여행자는 야생 동물의 습격을 피하기 위해 메마른 우물에 뛰어들었지만 우물 바닥에 굶주린 용이 있다는 것을 알았다. 그는 잎이 무성한 가지를 붙들어서 목숨을 구하지만 쥐들이 이내 그 가지를 갉아먹는다. 그때, 그는 잎사귀에서 꿀이 떨어지는 것을 보고 핥는다. 만약 우리가 딸기를 따지 않고 떨어지는 꿀을 핥지 않는다면, 만약 우리에게 소소한 즐거움들이 더는 없다면, 삶은 무의미해지는 것인가? 삶의 의미는 단지 행복한 순간을 만들어내는 것에 있을까? 아니면 그 이상의 것이 있을까? 톨스토이가 『고백록』 집필을 마쳤을 때 그의 생각 속에는 이러한 질문들이 가득했다. 그는 "믿음은 나에게 여전히 이전과 마찬가지로 비이성적이지만, 나는 오직 믿음만이 인생의 의문점들

---

1) Leo Tolstoy (2009). A Confession. New York: Merchant Books. 『톨스토이 고백록』 박문재 옮김. 현대지성

에 대답해주며 결과적으로 삶을 이어갈 수 있게 해준다는 것을 인정하지 않을 수 없다."[2]라고 말했다.

『고백록』과 『이반 일리치의 죽음』은 톨스토이가 50대에 이르러 남긴 글이다. 그 나이에 그는 다가올 죽음에 대해 생각하기 시작했다(그러나 그는 25년을 더 살았다). 그것은 그가 군인으로서 전쟁의 공포를 직접 체험하고 그의 다섯 아이들을 포함한 많은 가족 구성원의 죽음을 맞이하면서 죽음이란 무엇인지에 사로잡히게 된 시점이었다. 자신의 위대한 업적을 뒤로 하고 그는 점차 목적 의식이 사라지고 있다는 것을 알았다. 그는 많은 재산과 나이에 비해 좋은 건강 상태, 14명의 아이를 낳아준 아내 그리고 영원한 문학적 명예에 대한 전망이 있었지만 그의 명성과 대중의 찬사가 사그라들면서 그는 우울해졌다. 자살 직전에 톨스토이는 그의 삶에 (같은 맥락에서 그 어떤 삶에) 어떤 의미라도 있는지 자문했을지도 모른다. 죽음을 피할 수 없다는 전제 아래 그는 삶이 단지 불합리한 것인지 궁금했다.[3] 그는 돈을 벌기 위해, 가족을 돌보기 위해, 의미에 대한 자신의 궁금증에서 시선을 돌리기 위해 글을 써왔다. 그러나 삶과 죽음의 의미를 숙고하는 지금 그는 자신의 모든 문학적 업적을 무가치한 것으로 여기게 되었다. 그는 살면서 성취한 모든 것이 더는 의미가 없으며 목적이 없다고 생각했다. "왜?", "무엇을 위해?", "그 다음은?"과 같은 질문들은 끊임없이 그를 괴롭혔다. 처음에 그는 이런 의문들에 대한 답이 있을 것으로 생각했지만 그렇지 않다는 것을 알았을 때, 톨스토이는 일시적인 불안감 때문에 그가 갖게 된 생각이 실상은 우리 대부분이 경험하는 생존적 위기

---

2) Leo Tolstoy (1983). A Confession. New York: W. W. Norton. p. 46.
3) Ibid

감, 즉 "자신의 죽음을 어떻게 맞이할 것인가?"라는 질문과 같은 것임을 깨닫기 시작했다. 피할 수 없는 사실을 직면해야 했으므로 그는 깊은 영적 곤경에 빠졌다.

그는 다음과 같이 기술했다.

> "나는 내 삶이 늘 기반을 두어 왔던 내 안의 무엇인가가 무너져 내려서 더는 붙들 것도 없고, 도덕적으로 멈춰버린 것처럼 느꼈다. 저항할 수 없는 힘이 어떻게 해서든 내 존재를 없애려고 압박했다. 딱히 나를 삶에서 멀어지게 만든 힘이 그 어떤 욕망보다도 더 충만하고, 더 강력하고, 더 보편적이기 때문에 내가 자살하고 싶었다고는 말할 수 없다. 그것은 살고자 하는 내 오래된 열망과 같은 힘이었다. 단지 그것이 나를 반대 방향으로 몰아갔을 뿐이다. 삶에서 벗어나려는 것은 내 존재 전체의 열망이었다.
>
> 나는 내가 무엇을 원하는지 몰랐다. 나는 삶이 두려웠다. 나는 그것을 떠나도록 내몰렸다. 그런데도 나는 여전히 그것에서 무엇인가를 바랐다.
>
> 이 모든 것은 내 모든 외부 환경이 지속하는 한, 내가 완전히 행복했어야 하는 시기에 일어났다. 나에게는 나를 사랑하고 내가 사랑하는 아내와 훌륭한 아이들, 내가 애쓰지 않아도 늘어나는 막대한 재산이 있었다. 나는 친척들에게 더 존경받고 있었다……."[4]

『고백록 A Confession』은 여러 면에서 톨스토이 자신의 영적 여정에 대한 1인칭 시점의 이야기이다. 그가 신앙을 거부한 젊은 시절부터 중세 시대 정교회에 대한 재발견을 통해 궁극적으로 정교회의 화려함과 외부의 환경적인 모습들을 거부하고 예수의 단순한 도덕적 가르침을 최종적으로

---

[4] https://d2y1pz2y630308.cloudfront.net/15471/documents/2016/10/Leo%20Toltstoy-A%20Confession.pdf; William James (1982). The Varieties of Religious Experience: A Study in Human Nature, New York: Penguin Classics, p.122.

받아들이는 과정을 다루었다. 결국 그는 '믿음'이라는 비이성적인 지식에 답이 있다는 것을 알았다.

임사 체험

1849년 4월 23일 스물여덟 살의 러시아 소설가 표도르 도스토예프스키Fyodor Dostoyevsky는 진보적 지식인 집단인 페트라셰프스키 모임Petrashevsky Circle과 연계된 반정부 활동으로 체포되었다. 그 모임이 사회 전복적인 활동에 가담한 것으로 의심되자 차르 정권tsarist regime은 도스토예프스키를 사형에 처했다. 얼마 지나지 않아, 그는 대중에 대한 본보기로 총살형에 처해지기 위해 (몇 명의 다른 수감자들과 함께) 상페테르부르크Saint Petersburg 광장으로 끌려갔다. 죄수들에 대한 사형 선고서가 낭독되고 나자 그들에겐 사형수가 입는 흰색 셔츠가 입혀졌고 십자가에 대한 입맞춤이 허락되었다. 그 순간 도스토예프스키는 자신에게 살 시간이 얼마 남지 않았다는 것을 절실히 깨달았다. 그러나 마지막 순간에 차르는 사면을 발표했다. 재판과 선고 과정은 전제군주인 차르를 자비로운 통치자로 묘사하기 위한 잔인한 홍보 수단이었다. 도스토예프스키의 사형 선고는 고된 노동이 수반된 4년의 유배로 감형되었고 차르의 군대에서 수년간 의무적으로 복무를 해야 했다. 그는 거의 마흔이 되어서야 문학에 대한 열정을 다시 불사를 수 있었다.

죽음에서 가까스로 벗어날 수 있었던 도스토예프스키는 큰 안도감 가운데 그의 인생에서 또 다른 기회를 갖게 되었다고 느꼈다. 그는 "내 과거를 돌이켜 보며 삶의 지혜 없이 실수와 게으름으로 낭비한 모든 시간을 고려할 때, 내가 얼마나 내 마음과 영혼에 죄를 지었는지에 대해 생각하면 내 마음은 심히 괴롭다. 삶은 선물이고 삶은 행복이다. …… 만약 젊은 시절 그것을 알았더라면, 매 순간 영원한 행복을 누릴 수 있었을 텐데! 이제 내 삶은 변화할 것이다. 나는 지금 다시 태어난다."라고 적었다.[5] 죽음을 피할 수 없다는 것을 깊이 깨달았기 때문에 그는 삶을 훨씬 더 열정적으로 경험할 수 있었다. 그는 자신이 하는 일에 의미를 부여하는 더 큰 목적 의식이 생겼다. 그는 두 번 태어난twice-born 사람 중 하나가 되었는데 이것은 극적인 사건 이후 완전히 새로워지거나 다시 태어난 것 같다는 느낌을 강하게 갖게 되는 어떤 경험을 설명하는 표현이다.[6]

우리는 도스토예프스키처럼 임박한 죽음으로 인해 삶의 의미를 발견하고 있는가? 아니면 그 반대인가? 죽음의 망령 때문에 우리 삶이 무의미하다는 결론을 내리게 되는가? 죽음에 근접했던 경험은 우리가 삶의 의미에 새로이 관심을 기울이게 하는 촉매가 될 수 있다. 도스토예프스키의 경우, 죽음이 바로 코 앞에 다가왔기 때문에 작가가 될 수 있었고, 그것을 통해 그는 유산을 남기게 되었다. 그것은 그에게 삶의 목적을 만들어주었다.

내 인생에서도 나 또한 삶을 극적으로 바꾸거나 심지어 끝낼 수도 있었던 아슬아슬한 위기와 사건을 겪었다. 나는 두 차례 임사 체험을 했다. 첫 번째는 내가 아직 대도시 생활에 익숙하지 않은 암스테르담 대학교 학생

---

5) https://www.goodreads.com/quotes/7789684-when-i-look-back-at-the-past-and-think-of/ https://archive.org/stream/lettersofyodorm00dostiala/lettersofyodorm00dostiala_djvu.txt.
6) William James (2018). The Varieties of Religious Experience: A Study in Human Nature, New York: Musaicum Books. 『종교적 경험의 다양성』 김재영 옮김. 한길사

이었을 때 일어났다. 밤에 일어난 일이었다. 내가 하숙하던 방을 나와 시내 중심지까지 가는 전차를 타려고 했을 때였다. 내가 살던 곳 근처에는 버스들이 정차하는 복잡한 교차로가 있었다. 정류장에 다다르자 도심으로 향하는 전차가 떠나려 하고 있었다. 나는 다가오는 차량을 보지 못한 채 그것을 잡으려고 전력 질주하기 시작했다. 잠시 후, 나는 어떤 차의 창문으로 돌진하며 부딪혔다. 당황한 차 운전자는 브레이크를 밟았고 그 결과 나는 깨진 유리창을 통해 다시 날아가 결국 의식을 잃은 채 비참하게 도로 위에서 피를 흘리며 나뒹굴게 되었다. 잠시 의식의 끈이 끊어진 짧은 시간 동안 나는 내 인생의 중요한 사건들을 되돌아보는, 유체이탈이라는 낯선 체험을 했다. 흉터는 좀 남았지만, 나는 기적적으로 그 사고에서 살아남았다.

두 번째 임사 체험은 훨씬 뒤에 찾아왔다. 나는 세계에서 가장 야생이 잘 보존된 지역 가운데 하나인 시베리아의 캄차카를 방문하던 중이었다. 어느 순간, 나는 산 정상의 고원에 다다랐다. 나와 함께 있던 가이드는 옆 산에 있는 곰 한 마리를 보고 들떠서 더 가까이 가고 싶어 했다. 그는 나에게 자신이 타고 있는 설상차에 올라타라고 재촉하고는 전 속력으로 곰을 향해 달려갔다. 나는 설상차에서 떨어지지 않으려고 필사적으로 붙들었다. 안타깝게도 내 가이드는 곰을 찾는데 열중해서 눈 앞의 일은 보지 못했다. 부주의하게도 그는 최고 속도로 눈 속의 큰 구멍으로 돌진했다. 그는 차를 붙들어서 다치지 않았지만, 나는 떨어져서 기절했다. 얼마나 오랫동안 의식을 잃었는지 모르지만 나는 빛에 둘러싸여 있던 기억이 있다. 의식이 돌아왔을 때, 나는 불구가 되어 있었고, 극심한 고통 속에서 "문제 없어요, 항생제가 있어요!"라고 말하는 정신 나간 가이드의 외침이

들렸다. 그 뒤 나는 척추가 부러졌음을 알게 되었다. 척추가 부러진 상태에서 젖은 눈밭을 뚫고 산을 내려온다는 것은 몹시 고통스러운 일이었다. 흡사 고문 같았다. 어느 정도 정상으로 돌아오는 데에는 그 뒤로 네 번의 수술과 수년의 재활 기간이 걸렸고, 대부분 시간을 누워서 지내야 했다. 그건 나처럼 매우 활동적인 사람은 그다지 좋아하지 않는 자세였다. 그러나 나는 나중에 운이 좋았다는 것을 알았다. 나는 다시 걷게 되었다.

임사 체험을 한 사람들은 육체에서 분리, 공중에 떠 있는 느낌, 고요함, 안정감 또는 따뜻함, 완전히 소멸하는 느낌, 빛의 존재, 그리고 삶에 대한 회상life review 등 다양한 경험에 관해서 말한다. 내 경우, 첫 번째 사고에서 흔히 말하는 '주마등처럼 삶이 눈 앞을 스쳐가는 것', 즉 일종의 회상을 경험했다. 두 번째 사고에서는 단지 거대한 빛의 존재만 기억난다. 물론 나는 이러한 환상과 환영을 외상에 대한 반응으로 과부하가 걸린 뇌의 신경 화학 물질 때문이라고 볼 수도 있을 것이다. 우리의 뇌가 죽기 직전에 뭔가 흥미로운 일을 할지도 모르니까.

임사 체험은 변혁적일 수 있다. 임사 체험을 한 사람들은 주로 삶에 대해 더 감사하게 되고, 목적 의식과 자기 이해가 높아지며, 다른 사람들에게 더 많은 연민을 느끼고, 물질에 대한 염려가 줄어들고, 배우고자 하는 열망과 고양된 영성 그리고 더 직관적인 느낌과 환경보호에 민감하게 되며 자신의 능력에 대해 전반적으로 느끼게 된다. 그러나 소수의 사람은 두려움, 우울감, 죽음에 대한 강박적 생각을 갖게 된다고 한다. 다른 사람들은 종교심이 깊어지며 영적인 세계에 확신을 갖게 된다. 이러한 체험에서 살아남은 어떤 사람들은 죽음에 대한 두려움이 사라지고 그들이 실제로 죽을 때 긍정적인 경험을 하게 될 것으로 기대한다.[7)]

개인적으로 말할 수 있는 것은 이러한 경험들로 인해 나는 삶에 대해 더욱 감사하게 되었다는 것이다. 또 내가 하는 모든 일에 더 큰 목적 의식을 가질 수 있었다. 나는 그 경험들 덕분에 더 공감하고 덜 판단하며 더 효과적으로 도움을 주는 전문가가 될 수 있었다고 믿는다.

만약 우리가 계획했던 일을 끝내지 않았다면 죽음은 심각한 결과를 가져올 최종 시한이 될 수 있으며 최종 시한은 흔히 우리가 달성하고자 하는 것을 이루는 데 필요한 행동을 취하도록 동기부여한다. 내 경험을 예로 들면, 죽음이 임박했다는 사실은 인간의 삶이 매우 연약하다는 것을 보여주며 결과적으로 삶에 대해 더욱 감사할 수 있게 해준다. 그런데 이는 불멸의 개념에 의문을 가져온다. 만약 우리가 영원히 살 수 있다면, 삶이 선물이라는 것을 인정할 수 있을까? 죽음이라는 시한이 없다면, 우리는 의미 있는 삶을 위해 절박하게 우리 각자의 방식을 찾고자 할까? 죽음과 삶의 의미는 인생이라는 무도회에서 서로 떨어질 수 없는 파트너들인 듯하다.

계시록

잉그마르 베르히만Ingmar Bergman의 가장 위대한 작품인 유명한 풍자 영화 「제7의 봉인」의 전제는 암울하다. 십자군 원정에서 돌아온 한 기사와 그

---

7) George Gallup and William Proctor (1984). Adventures in Immortality: A Look Beyond the Threshold of Death. London: Corgi; Kenneth Ring (1984). Heading toward Omega. In search of the Meaning of Near-Death Experience. New York: William Morrow.

의 종자는 무정부 상태에 있는 스웨덴을 목격하게 된다.[8] 그 나라는 마녀 사냥과 종교적 광기로 몸살을 앓고 있었고 유럽은 인구의 3분의 1을 죽음에 이르게 한 흑사병bubonic plague으로 고통받는다.

그 영화에서 죽음은 기사와 마주하고 그의 시간이 다 되었다고 알려준다. 그에 대응하여 자신의 생명을 연장하려는 필사적이지만 무모한 시도로 기사는 죽음에게 자기 목숨을 건 체스 게임을 하자고 도전한다. 죽음은 곳곳에 도사리고 있지만 기사는 이번이 자신이 죽을 차례라는 사실을 외면하기 위해 애쓴다. 그의 행동을 본 죽음은 이렇게 질문한다. "그대는 어떻게 죽음을 속이려고 하는가?" 기사는 그 시도가 터무니 없다는 것을 알면서도 죽음을 저지하기 위해 속임수를 써야만 한다. 결과는 예상할 수 있다. 그 이야기는 역대 가장 상징적인 영화 장면 가운데 하나인 죽음의 춤danse macabre, 즉 죽음이 각계각층의 대표자들을 소환하여 무덤을 향해 춤을 추며 나아가는 모습으로 끝을 맺는다. 영화 속에서 죽음이 말하듯이 지위나 계급에 관계없이 "아무도 나를 피하지 못한다."

죽음에 대한 우리의 자각은 어떤 사람에게는 동기를 부여하지만, 어떤 사람에게서는 앗아가 버릴 수도 있다. 그리고 혼란스럽지만 죽음에 대한 인식이 같은 사람에게 동기를 주는 동시에 빼앗을 수도 있다. 죽음과 함께 하는 우리의 춤이 어떻게 될지는 우리 내면의 극장, 즉 우리의 주요 내적 동인과 외부 환경에 대한 우리의 반응에 달려있다. 우리는 무의식에 주의를 기울이고 죽음이 우리 각자에게 어떤 종류의 '은밀한 동기부여자'인지, 죽음이 우리의 의식적, 무의식적 사고 과정에 어떻게 영향을 미치며, 그것

---

8) 영화의 제목은 영화의 맨 처음과 끝 부분에 인용된 세상의 종말에 관한 요한계시록(8,1) 구절을 나타낸다. "어린 양이 일곱째 인을 떼실 때에 하늘이 30분 정도 고요한지라."

이 우리 행동을 어떻게 좌우하는지 알아낼 필요가 있다.[9]

우리는 대부분 인생이 매우 짧고, 이 땅에 잠시 머무는 동안 죽음은 우리의 영원한 동반자라는 것을 깨닫는다. 우리는 이 죽음의 감시, 또는 존재의 종말에 대한 생각을 일으키는 공허함에서 벗어날 수 없다. 동시에 죽음의 불가피성은 우리 인생에 의미를 줄 수 있지만, 이것은 단지 우리가 원할 때만 가능하다. 따라서 죽음은 파괴자이면서 의미 부여자가 된다. 그러나 의미를 찾기 위해 우리는 정말 죽음에 근접하는 체험이 필요한가? 아니면 다른 방법이 있는가?

---

9) Manfred F. R. Kets de Vries (2014). Death and the executive: encounters with the "stealth motivator," Organizational Dynamics, 43 (4), pp. 247-256

04
의미를 부여해주는 죽음

삶과 죽음은 중요하다. 그것들을 헛되이 경험하지 마라.
– 달마

다시는 돌아오지 않을 거라는 사실이 인생을 달콤하게 만든다.
– 에밀리 디킨슨Emily Elizabeth Dickinson

우리의 첫 호흡은 죽음을 향한 여정의 시작이며, 결과적으로 우리는 죽음을 대적한다. 그런데, 그것은 과연 올바른 태도일까? 피할 수 없는 죽음 때문에 살아 있다는 것이 더 소중해지는 것이 아닐까? 죽음이 우리에게 시간의 가치를 가르쳐주는 것은 아닐까? 죽음은 우리가 삶을 최대한 활용하도록 자극하는 '최종 기한deadlines'이 되지는 않는가?

여러 면에서 죽음은 우리가 살아 있음을 더 느끼게 하는 데 도움이 된다. 그리고 의식적으로든 무의식적으로든 그 중요성을 깨달을 때, 우리가 시간을 현명하게 사용할 가능성이 더 크다. 그렇지만 이것이 당연한 말일지라도 죽음의 실재를 분명히 알지 못하는 사람들이 많다. 그들은 시간의 가치를 제대로 인식하지 못하는 것 같다. 죽음이 맴돌고 있다는 사실을 인정하고 싶지 않은 그들은 너무나 자주 별로 중요하지 않은 일을 하느라 바쁘다. 그대신 그들은 일부 사람에게 보이는 것처럼 불편한 생각이나 감정으로 억눌렸을 때, 정신을 사소한 활동들로 산만하게 만드는 경향인 '조증 방어manic defense'로 달아난다.[1]

    내 고객 가운데 한 명은 이러한 행동 패턴과 자신이 무언가에서 도망치고 있다는 느낌에 대해 설명한 적이 있다. 그녀는 자신이 하는 일이 중요하든 중요하지 않든 끊임없이 일해야 한다는 압박감에 대해 말했다. 그녀는 항상 바쁘고 정신을 다른 곳에 분산시켜야 했다. "마치 저 자신을 지치게 해야만 하는 것 같아요. 그렇지 않으면, 우울한 생각을 너무나 많이 하게 되거든요." 그녀는 아주 긴 시간 일하면서 함께 일하는 사람들에게 저녁을 함께하자고 하거나 춤을 추러 가자고 강요했다. "그건 정신을 다른 곳으로 돌리게 하는 또 다른 방법이었어요. 내면에서 나를 괴롭히는 것들의 소리가 들리지 않도록 외부 소음을 키우는 것과 같은 거죠." 그녀가 행동을 유발하는 원인을 인식하게 되자 자신이 의미 있는 '소음'을 내고 있는 것인지 의문을 품기 시작했고 관계 형성에 문제가 있음을 인정했다. "사람들이 시도하지 않는 것은 아닙니다. 많은 남성이 저에게 관심을 보이지만 저는 그들이 제 마음을 뭔가 다른 곳으로 향하게 해줄 수 있는 도

---

1) Manfred F. R. Kets de Vries (2020). The CEO Whisperer: Meditation on Leaders, Life and Change, in press. 『CEO 위스퍼러: 리더, 삶과 변화에 대한 명상』 이선화 옮김, 2023 예정

구로만 여겨져요. 단 한 번도 누군가와 의미 있는 관계를 갖지 않았어요." 그녀는 절대 사라지지 않을 것 같은 '내면의 공허함'에 관해 이야기했다.

내 고객의 행동은 이반 일리치와 비슷하다. 무의미한 일에 몰두하고 있다는 것을 알면서도 그녀는 무의식적으로 그 사실을 마주하고 싶어 하지 않았다. 내 고객과 같은 사람들은 다른 이들의 이러한 무분별한 행동 양식은 인식하면서도, 자신들의 그런 모습은 보고 싶어 하지 않는다. 그들은 자신들은 다를 것이라는 착각을 붙들고자 한다. 그들 가운데 대다수는 의미 추구에 관심이 있는 척하지만 실제로는 단지 부, 권력, 지위 및 성에만 관심 있을 뿐이다. 그들이 깨닫지 못하는 것은 지각 있는 삶이란 오직 그들이 무엇이 영원한 의미를 가져다주는지 알 때 진정으로 시작될 수 있다는 점이다. 간단히 말해서, 의미를 찾는 것이 생계를 이어가는 것과 삶을 사는 것의 차이를 만든다.

1장에 나오는 테드를 기억하는가? 실존적 위기에 대한 그의 초기 반응(다소 일반적인 반응)은 마찬가지로 '조증 방어'에 의존하는 것이었다. '분주함'은 그의 습관적인 방어 방식이었다. 다른 활동들로 도피해서 죽음에 대한 생각을 밀어내는 방법은 매력적인 선택이 될 수 있다. 테드의 경우를 보면 그것은 생계 수단도 제공했지만, 그는 동시에 내면의 악마를 쫓아내기 위해 이 분주함을 이용하고 있었다. 그런데도 테드가 자신의 실존에 대해 의문을 갖기 시작했다는 사실은 내면에서 스스로 의식하고 있다는 증거였다.

테드의 전략은 결혼 생활이 악화하고 일에 관심을 잃었는데도 한동안 그에게 도움이 되었지만, 그 전략도 완벽한 것이 아니었다는 값비싼 교훈을 그는 얻었다. 결국 목적의 부재와 외로움이 사태를 악화시켜 존재 의미에 대해 의문을 갖게 되었다.

테드는 삶의 덧없음에 직면해야 했다. 그의 방어 작전이 실패했을 때, 그는 죽음이 밀어낼 수 없고 거부할 수 없는 대상이라는 것을 받아들여야 했다. 그와 가까운 사람들이 병에 걸려 사망하면서 그는 이 사실을 더욱 인지하게 되었다. 우리가 모두 이 세상에 홀로 태어났고 홀로 떠날 것이라는 사실을 깨달았다면, 그가 어떻게 그 둘 사이의 시간을 더 잘 다룰 수 있었을까? 깊숙이 자리잡은 테드의 실존적 위기는 그가 자기 삶에서 더 의미 있는 일을 하고 더 의미 있는 관계를 맺어야 한다는 신호였다.

테드의 사례는 우리가 삶을 얼마나 잘 다루는가가 삶의 여정에서 죽음이라는 사실을 어떻게 직시하느냐에 달려 있음을 시사하는 경고의 이야기로 받아들여질 수 있다. 이반 일리치처럼 임종할 때가 되어서야 죽음을 마주하는 것은 분명 가야 할 길이 아니다. 우리의 마지막 숨을 내쉬며 거듭나는 것은 결코 답이 될 수 없다. 우리가 무엇인가를 하기에 너무 늦은 인생의 이 지점에 도달했을 때 삶을 충만하게 살지 못한 데 대한 깊은 회한으로 고통받을 가능성이 더 커진다. 안타깝게도 너무 많은 사람이 이반 일리치의 모습을 닮아 있으며, 구원을 얻기 위해 필사적으로 종교에 의존한다. 그들이 인생의 훨씬 이른 시기부터 이런 귀의에 대해 준비해야 하는가 아닌가는 논란거리이다. 철학자 볼테르Voltaire는 이 전환에 응하지 않았다. 임종 직전에 한 사제가 악마를 버리고 그의 영혼을 하나님께 드리라고 제안했을 때, 그는 "선한 자여, 지금은 새로운 적을 만들 때가 아니오."라고 대답했다.

어떤 사람들은 죽음을 다음 단계의 위대한 모험으로 본다. 이반 일리치와 같은 사람들은 아직 진정으로 살아보지 않았기 때문에 죽음을 두려워한다. 그렇지만 어떤 사람들은 임박한 죽음을 평온하게 받아들이면서 비록 그것이 모든 것의 끝이라고 생각하지만 자신이 충만하고 보람 있는 삶을 살았다고 믿는다. 그들은 자신에게 다가올 모든 것을 받아들일 준비가 되어 있다.

라 페티 모르 La Petite Mort

테드보다 더 운명론적이거나 낙천적인 사람들은 죽음을 피할 수 없다는 사실을 받아들이기는 하지만 그들이 왜 의미 있는 활동에 참여해야 하는지에 대해서는 의아해한다. 삶을 단지 흘러가는 대로 두면 안 되나? 현재를 즐기면서, 즐거움과 달콤함을 추구하면 안 되는가? 존재의 소멸로 인한 자기애적 상처를 대하는 그들의 반응은 섹스와 마약 그리고 로큰롤rock and roll처럼 쾌락주의적이다. 그들은 일의 분주함 대신 다른 종류의 분주함을 선택한다.

'오늘을 즐겨라'라는 뜻의 카르페 디엠Carpe diem은 의미에 관련된 이 모든 일들을 잊어버리고 철학자에게 맡기라고 한다. 이런 선택에는 자기애적 우울, 조증적 분주함, 또는 공황장애보다는 나은 나름의 타당한 이유가 있다. 그렇지만 장기적으로 그것이 얼마나 만족스러울까?

또 다른 사람들이 우울증 치료제로 선택하는 것은 섹스이다. 프랑스 사람들은 오르가슴을 '작은 죽음'이라는 뜻의 라 페티 모르La Petite Mort로 말하는데 이것은 아마도 매번 오르가슴을 경험할 때마다 수명이 조금씩 짧아진다는 그리스-로마의 믿음에서 파생된 것으로 보인다. 일하면서 나는

라 페티 모르La Petite Mort에 중독된 많은 사람을 만났는데 그들은 이를 통해 죽음 그 자체인 라 그랑데 모르La Grande Mort(위대한 죽음)를 쫓아내려고 한다. 섹스는 그들이 아직 살아 있다는 것을 증명하는 방법이다. 물론 오르가슴을 느낄 때마다 임신 가능성이 있으므로 역설적으로 '작은 죽음'도 삶의 시작이 될 수 있다.

죽음 그리고 라이프 사이클

라 페티 모르는 차치하더라도 죽음의 이미지는 의식적으로든 무의식적으로든 어릴 때부터 우리를 사로잡는다. 우리는 평생 늘 무의식적으로 죽음을 인식하지만, 나이가 들면서 그에 대한 우리의 태도는 변화한다. 예를 들어, 대부분 5~7세 아이들은 죽음이란 되돌릴 수 없고, 모든 생명 활동을 멈추게 하며 그들에게도 일어날 일이라고 이해한다. 흔히 반려동물의 죽음은 아이들에게 앞으로 일어날 일을 암시해준다. 그러나 가까운 친척이나 가족 같은 친구의 사망 소식을 들었을 때, 그리고 그들과 가까운 사람들, 특히 부모님이 결국 돌아가실 것을 깨달을 때, 죽음은 현실이 된다. 이 암울한 깨달음은 그들이 사랑하고 의지하는 사람들을 잃었을 때 어떻게 대처할 것인가에 대한 질문을 야기한다. 그들이 더는 이 세상에 없을 때, 어떻게 자신을 돌볼 것인가? 아이들이 이 사실을 깨달을 때 원래 영원하다고 믿었던 세상은 뒤집어지게 된다.

수십 년 전에 일어난 일이지만, 나는 처음으로 겪은 극적인 죽음이 아직도 생생하게 기억난다. 그것은 비교적 이른 나이에 폐렴으로 할머니가 돌아가신 일이다(이 이야기는 내 책 『섹스, 돈, 행복 그리고 죽음』에도 적혀있다).[2] 나는 할머니가 내가 아직도 기억하고 있는 노래를 불러주면서 부엌에서 나를 목욕시키시던 사진 같은 추억을 여전히 간직하고 있다(그녀는 아마추어 오페레타 앙상블에서 활동하시곤 하셨다). 이따금 그녀는 마치 오래 살지 못할 것으로 예감한 것처럼 나에게 자신이 세상을 떠나더라도, 자신을 기억할 수 있겠느냐고 묻곤 했다. 돌이켜보면, 그 질문은 고작 다섯 살인 내가 이해하기에는 무리였다. 나는 어떻게 반응해야 할지 몰랐다. 물론 나는 할머니가 항상 계실 것으로 생각했다. 나에게 그녀의 죽음은 상상할 수 없는 것이었다. 감당하기는커녕 생각하고 싶지도 않았다. 그러나 그 일이 일어나고, 생전에 사시던 오래된 농가의 '좋은 방'에서 관에 누워 있는 할머니를 보면서, 뭔가 내 마음에 변화가 생겼다. 내 삶은 예전과 결코 같을 수가 없었다. 죽음이 내 머릿속으로 들어와버렸다. 그러나 나는 또한 계속해서 삶을 살아가야 한다는 것도 바로 배웠다. 그렇지만 할머니에 대한 기억은 뇌리에서 떠나지 않았다. 가족의 중심이었던 그녀의 죽음은 전반적인 가족의 역동에 큰 영향을 미쳤다.

정신분석가로서 나는 아이들이 홀로 남겨지는 것에 대한 두려움으로 인해 반복되는 악몽과 수면 장애를 겪는 여러 사례를 안다. 그들은 자신들을 돌봐줄 부모가 없어질까 봐 두려워한다. 그러나 언제 이러한 유한함에 대해 알게 되든 상관없이, 그것은 무엇이든 할 수 있다는 아이의 자기애적 느낌을 사실상 파괴한다. 그 대신에 그것은 취약하다는 느낌, 즉 아무것도 영원히 지속하지 않는다는 깨달음을 남긴다. 그리고 그들의 방어

---

2) Manfred F. R. Kets de Vries (2009). Sex, Money, Happiness, and Death: The Quest for Authenticity. New York: Palgrave Macmillan. 『삶의 진정성: 리더의 성, 돈, 행복, 죽음에 관한 인생 탐구』 김현정, 김문주 옮김. 더블북

기제가 작동해서 죽음에 대한 의식적인 인식을 차단하더라도 이러한 두려움은 그들의 무의식에 그대로 남아 있다. 그 뒤 억압된 죽음에 대한 두려움은 아동의 발달 그리고 나중에는 성인의 발달에도 계속해서 중요한 영향을 미치게 된다.

청소년들은 죽음의 의미를 완전히 이해하지만 어찌된 일인지 흔히 자신이 불멸의 존재라고 믿는다. 그 결과 위험한 결과에 대해 경시하고 무모한 운전, 마약 복용, 과음 또는 흡연과 같은 위험한 행동을 할 수 있다. 그러나 청년기(20~40세)에는 죽음에 대한 불안감을 느끼는 것이 더 일반적이다. 부인하려는 동인의 영향력이 약해지기 때문이다. 대부분 젊거나 중년기의 성인들은 죽음에 대해 더 현실적인 견해를 갖게 될 것이다. 이 연령대에서는 가까운 가족이나 친구의 죽음을 여러 번 경험했을 가능성이 매우 크기 때문이다. 그리고 나이가 들어감에 따라 우리는 대부분 우리가 사랑하는 사람들도 죽을 것이라는 사실을 더 잘 받아들이게 된다. 게다가 이러한 일들을 피할 수 없다는 사실은 우리 자신의 죽음조차도 더 잘 받아들이게 한다.

중년에 접어들면서 우리 대부분은 더 큰 평정심을 유지하면서 (만약 자신이 의미 있는 삶을 살고 있다고 믿는다면) 자신의 죽음을 피할 수 없다는 것을 받아들이게 된다. 그러나 삶의 다음 단계(40~64세)에서는 죽음에 대한 불안이 인생의 다른 시기에 비해 가장 높은 수준에 도달하는 것으로 보인다. 인생의 이 단계에 이르면 우리가 점점 더 자신의 육체적 쇠퇴를 직면하고 부모의 죽음을 경험하게 되므로 이러한 현상은 당연하다. 또 이 중년 시기에는 늘 존재했던 죽음에 대한 생각과 함께 우리는 날마다 더 충만하게 살기 시작한다. 우리에게 시간이 얼마나 남아 있든 우리는 그것을 최대한 활용해야 할 필요를 더욱 인식하게 된다. 놀랍게도, 우리가 65세 이상이 되면 죽음에 대해 불안을 느끼는 정도가 급감한다. 그렇지만 항상 그런 것은 아니다. 만약 자신이 의미 있는 삶을 살았다고 생각하지 않는다면, 노인들은 죽음에 임박하게 되면서 후회, 비통함, 심지어 절망감까지 느낄 수 있다.[3]

불확실한 사망일

당신의 삶이 한 시간밖에 남지 않았다면 무엇을 하겠는가? 단 하루가 남았다면? 한 달 남았다면? 일 년이라면? 질문에 대한 당신의 대답들을 기억하면서, 당신은 남은 생애 동안 무엇을 할 것인가?

이렇게 해보는 목적은 자신의 삶을 당연하게 여겨서는 안 된다는 것을 강조하는 데 있다. 절박함은 당신이 정말로 중요한 것에 집중하는 데 도움을 준다. 이제 언제 죽을지 모른다는 불확실성이 자신에게 어떤 영향을 미치는지 자문해보자. 끝을 알 수 없는 것이 아니라 알 수 있다면 당신의 삶은 더 의미가 있는가? 죽는 시점이 확실히 정해져 있으면 당신은 더욱 의미를 추구할 것인가?

죽음은 불가피하고 불확실하다. 우리는 그것이 일어날 일이라는 것을 알고 있지만 언제인지 모른다. 사람들에게 자신이 몇 살에 죽을 것으로 생각하는지 물으면 많은 사람이 대답하기 어려워한다. 분명 이것은 사람들

---

3) Megan Trenner (1982). Accuracy of perception and attitude: An intergenerational investigation, Perceptual and Motor Skills. 54 (1), pp. 271–274.

이 다루기 좋아하는 종류의 질문은 아니다. 어떤 사람들은 그것에 대해 생각조차 하기 싫어하고 피하기만 한다. 다른 사람들은 대개 자신의 부모나 자신에게 중요한 사람의 죽음을 기준으로 날짜나 나이를 생각한다. 우리는 부모님 중 한 분이 돌아가신 나이에 가까워지면서 죽음에 대한 생각에 사로잡혀 버리는 경향이 있다. 이런 '기념일에 대한 반응anniversary reaction'은 불안한 감정, 생각 또는 기억을 자극한다. 그러나 다른 사람들은 마치 과학이 결국 죽음을 정복하거나 적어도 아주 뒤로 미뤄주기를 바라는 것처럼 이 질문을 보류해두고 싶어 한다. 이들은 성형, 줄기세포 이식, 동종 요법 등 젊음을 되찾기 위한 방법들을 열심히 찾아다니는 부류의 사람들이다. 냉소적인 입장에서 보기에 영생을 갈망하는 이 사람들은 눈 오는 날 집에 갇혔을 때 어찌할 바를 모르는 사람들과 다를 바 없는 것 같다.

3장에서 우리는 끝을 예견하는 것이 도스토예프스키에 미치는 영향을 보았다. 목숨을 잃을 수도 있다는 가능성은 그에게 삶의 진정한 가치를 깨닫게 해주었다. 그것은 그가 삶을 최대한 활용하도록 동기를 부여했다. 만약 우리가 죽음에 이를 뻔한 어떤 경험을 한다면 더 나은 삶을 살지 않을까? 그러면 우리는 이 땅에서의 제한된 시간에 더 큰 가치를 두지 않을까? 죽는 시점을 알면 미루지 않게 된다. 우리에게 열려 있는 기회가 무엇이든 낭비할 가능성은 작다.

죽음은 우리 모두에게 미스터리로 남아 있다. 그러나 우리가 죽을 것이지만 언제, 어떻게 죽을지 모른다는 것은 분명히 확실하다. 우리는 보통 이것을 핑계로 삼아 죽음을 정면으로 바라보는 것을 미룬다. 그렇지만 죽음이 가까이 있다는 것을 알게 되면 다른 모든 것이 시야에 들어온다. 임박한 죽음은 우리의 마음을 집중시키고 우리가 삶을 더 의미 있게 만들고자 하는 큰 동인이 될 수 있다. 그것은 우리가 목표들의 우선순위를 재조정하고 그것들을 달성하도록 할 것이다. 그리고 아마도 정확한 사망 날짜를 아는 것은 우리에게 부, 권력, 명성과 같은 지위 또는 성취 지향적인 목표를 지양하게 한다. 우리는 친밀한 인간 관계 또는 세상을 더 나은 곳으로 만드는 데 전념하는 것과 같이 더 의미 있는 목표를 선택하게 될 것이다.

명확한 '사망일'이 있다는 것은 전환적인 경험이 될 수 있다. 한 예로 카네기 멜론 대학 컴퓨터 공학과의 랜디 포쉬Randy Pausch 교수는 췌장암 진단을 받고 앞으로 몇 달 밖에 살지 못한다는 말을 들었다(그는 47세의 나이로 사망했다). 역설적이게도 그 대학에서는 교수들에게 임종의 순간을 상상해보라고 요청하는 것이 전통이었다. 아마도 그것은 그들의 삶에서 가장 중요한 것에 대해 이야기해보도록 하기 위한 방법이었을 것이다. 그러나 다른 이들과 달리 포쉬 교수에게 이 질문은 잔혹한 현실이었다. 죽음을 목전에 둔 그는 죽음에 대한 자각이 어떻게 사람에게 동기를 부여하고 심지어 삶의 의미를 확장하는 데 중요한 역할을 할 수 있는지에 대해 말하는 '마지막 강의'를 진행했다. 강의에서 포쉬 교수는 어린 시절의 꿈을 이루는 것의 의미와 인생에서 배운 교훈에 관해 이야기했다. 그는 장애물을 극복하고, 다른 사람들의 꿈을 뒷받침하며, 모든 순간을 활용하는 것(시간이 당신이 가진 전부이므로)의 중요성을 언급했다. 또 그는 인생에서 재미있게 지내는 것의 중요성에 대해 다음과 같이 언급했다. "당신이 티거Tigger(역자주: A. A. 밀른의 동화 『곰돌이 푸Winnie the Pooh』에 나오는 호랑이, 활기차고 에너지가 넘치며 긍정적인 성격)인지 아니면 이요Eeyore(역자주: A. A. 밀른의 동화 『곰돌이 푸』에 나오는 당나귀, 걱정, 염려가 많은 우울한 성격)인지 결정해야 합니다. 나는 위대한 티거/이요 논쟁에서 내가 어디에 서 있는지 명확하다고 생각합니다. 결코 어린아이와 같은 경이감을 잃지 마십시오."[4] 분명히 삶에 대해 긍정적인 태도를 갖는 것은 항상 포쉬 교수의 중요한 특성이었다.

이 감동적인 강의는 인터넷에서 1,700만 번 이상 조회되었으며 그의 강의를 기반으로 한 책(포쉬 교수가 공동 저술함)은 500만 부 이상 판매되었다. 포쉬 교수는 어떻게 하면 삶을 가장 잘 마무리할 수 있는지를 보여주었다. 사람들이 말기 환자처럼 그들이 곧 죽을 것이라는 사실을 알게 되었을 때, 임박한 죽음에 대한 숙고는 남은 날들을 최대한 활용하도록 동기부여할 수 있다. 그러나 안타깝게도 많은 경우에 질병으로 인해 그들은 그렇게 하지 못한다.

유진 오 켈리 Eugene O'Kelly의 책 『인생이 내게 준 선물Chasing Daylight』은 두려움이나 슬픔 없이 죽음을 받아들이는 방법을 설명한다.[5] 오 켈리는 53세의 나이에 말기 뇌종양 진단을 받을 때까지 미국 KPMG의 CEO이자 회장이었다. 그는 직장을 그만두고 친구들, 가족들과 관계를 정리하고 마지막 100일을 어떻게 살았는지 그리고 어떻게 그 기간을 인생 최고의 순간으로 만들었는지 설명하는 책(마지막 장은 그의 아내가 집필했다)을 썼다. 언젠가는 마지막 남은 주와 달을 계획하는 시간을 갖고자 하는 사람들에게 그는 "서두르라."고 권고했다. 인생의 마지막 기간에 오 켈리는 그가 살던 세계를 이전에는 한 번도 겪어보지 못한 방식(자연, 가까운 사람들과의 관계 그리고 현재를 사는 것)으로 발견한 것 같다. 또 그의 종교적 믿음이 그가 마지막 날을 마주하는 데 큰 도움이 되었다.

---

4) Randy Pausch (2008). The Last Lecture: Really Achieving Your Childhood Dreams - Lessons in Living. Kindle Edition. 『마지막 강의』 심은우 옮김. 살림
5) Eugene O'Kelly (2007). Chasing Daylight: How My Forthcoming Death Transformed My Life. New York: McGraw Hill. 『인생이 내게 준 선물』 박상은 옮김. 꽃삽

미국의 위대한 기업가인 스티브 잡스는 그의 인생 말기에 "내가 곧 죽을 것이라는 사실을 기억하는 것은 인생에서 중요한 선택을 하는 데 도움이 되는 가장 중요한 수단입니다."라고 말했다. 이 세 사람의 경험은 역설적이게도 죽음이 활기 있고 의미 있는 삶을 사는 데 필요한 열쇠를 쥐고 있음을 시사한다. 우리를 덮고 있는 죽음의 그림자가 있지만 의미 있는 삶을 적극적으로 좇는 것이 죽음의 공포에서 자신을 보호하는 가장 효과적인 방법일 수 있다.

아마도 지금이 당신의 마지막 강의는 어떨지 스스로에게 물어볼 시간일 것이다. 당신이 인생에서 배운 교훈은 무엇인가? 만약 당신에게 얼마만큼의 시간이 남았는지 안다면, 지금 당신의 삶의 방식에서 무엇을 바꾸고 싶은가?

05
죽음에 대한 불안

죽음을 두려워하는 것은 자신이 현명하지 않은데도 스스로를 지혜롭다고 생각하는 것과 다름없다. 그것은 자신이 모르는 것을 안다고 생각하는 것과 같기 때문이다. 죽음이 인간에게 가장 큰 축복이 될 수 있을지 아무도 모른다. 그런데도 사람들은 그것이 가장 큰 악이라는 것을 확실히 알고 있는 것처럼 두려워한다.
– 소크라테스 Socrates

죽음, 우리 모두를 동등하게 대하는 유일한 불사여, 더러운 자와 순수한 자, 부자와 가난한 자, 사랑받는 자와 사랑받지 못한 자 모두에게 연민과 평화와 안식이 되는도다.
– 마크 트웨인 Mark Twain

오직 인간만이 자신의 유한함을 의식하며 살아가는 데 적응해야 한다는 점에서 특별하다. 인간의 행동은 항상 죽음의 망령과 삶의 무상함에 영향을 받아왔다. 유사 이래 죽음에 대한 인식과 두려움은 인류의 보편적인 심리적 딜레마였다. 많은 사람에게 죽음은 모든 경험의 끝이자 검은 심연이다. 그것은 무의미함, 존재의 완전한 소멸을 의미한다. 그 두려움은 이후에 맞닥뜨릴지도 모르는 것(무엇인가 있을 수도 있고 아무것도 없을 수 있다)에 대한 공포와 우리가 이제까지 소중하게 여겼던 모든 것에 대한 상실에서 비롯된다. 우리가 성취한 것이 무엇이든, 우리의 물질적 부가 얼마이든 우리는 그것을 가지고 갈 수 없다. 우리가 책임져야 하는 물건과 사람에 대한 통제권, 특히 가족을 보호하는 능력을 잃을 수 있다는 두려움이 있다. 또 죽음의 고통과 외로움 또는 예상치 못한 죽음 아니면 고통스러운 죽음에 대한 공포가 있다. 어떤 사람들에게는 그들 삶에 주어진 일을 마치지 못하는 것에 대한 두려움도 있다. 많은 예술가와 과학자의 경우 죽음에 대한 두려움은 사명이나 삶의 소명을 완수할 수 없다는 불안에 기인한다.

이러한 모든 우려를 고려할 때 호모 사피엔스에게 죽음에 대한 불안(무로 돌아가는 위협)이 늘 함께 해왔다는 것은 놀랍지 않다. 그것은 우리가 무엇을 하고 어디를 가든지 그림자처럼 따라다닌다. 우리는 고통과 자각 없이 잠을 자다가 죽기를 원한다. 그러나 잘 죽는 것은 죽음에 대한 수용에서부터 시작해야 하는데 그것은 해야만 하는 일을 끝내고, 성취에 대해 자부심을 느끼며, 가족과 친구와의 관계를 잘 정리하고, 필연적인 것을 수용하는 것이다. 실제로 잘 죽는 것은 힘든 일일 수 있다. 왜냐하면 죽는 것은 단순한 육체적 과정 그 이상의 것이기 때문이다. 그것은 우리의 육체적, 정신적, 영적 존재 전체를 아우르는 과정이다.

아버지는 101세 하고도 몇 달을 더 사셨다. 인생의 그 시점에서 그는 충분히 사셨다고 결론 내렸다. 수년 동안 항상 회사에서 사장으로 매우 활동적인 삶을 살았던 그는 (직접 표현한 적은 없지만) 삶의 질이 더는 그가 원하는 수준이 아니라고 느꼈다. 세월이 흐르면서 그의 육체는 점점 쇠약해져서 할 수 있는 일이 거의 없었다. 그의 세대 거의 모든 사람이 사망했다. 그의 형제 자매들은 오래 전에 세상을 떠났다. 그리고 후손들, 특히 그의 자녀들과 손주들이 정기적으로 그를 찾아왔지만 그리운 예전 친구들이 주위에 없어서 외로움을 느꼈다. 그는 몇 명의 간병인에게 크게 의존하게 되었다. 항상 자기 삶을 스스로 관리해오던 사람에게 이것은 받아들이기 어려운 환경이었다. 그러나 형편이 그러했기에 그는 거의 집을 떠나지 않았다. 그의 몸 상태로 인해 그가 기쁨을 느낄 수 있었던 것은 몇 가지 뿐이었다. 따라서 그는 그러한 생활 방식에 대한 불만족으로 죽을 때가 왔다고 결심했다. 여러 면에서 그는 요양원에 살거나 입원하지 않아 매우 운이 좋았다. 그 대신에 그는 자기 집에서 아주 잘 보살핌을 받았다. 우리 대부분처럼 그는 집에서 죽고 싶었다.

아버지는 결정을 내리신 뒤, 네 자녀를 집으로 불러서 이제 본인의 시간이 다 된 것 같다고 말씀하셨다. 그 뒤 그가 없는 삶은 상상하기조차 힘들다는 우리 모두의 항의가 있었는데도 아버지는 먹고 마시는 일을 중단했다. 며칠 뒤 그는 내 품에서 돌아가셨다. 그의 마지막은 평범하지 않은 마법 같은 경험이었지만, 나는 그렇게 "안녕히 주무세요."라며 작별하는 것도 괜찮을 것 같았다.

내 아버지는 충만한 삶을 살았을까? 그는 의미 있는 삶을 살았을까? 이 질문에 대한 내 답은 특히 그가 많은 사람의 생명을 구한 2차 세계 대전 중에 한 모든 일을 고려할 때 긍정적이다. 그가 어떤 일들은 다르게 할 수 있었을까? 그는 다른 선택을 할 수 있었을까? 물론 당연하지만 나는 그가 주어진 상황에서 할 수 있는 최선을 다했다고 늘 생각했다. 결국, 우리는

5장. 죽음에 대한 불안

모두 인간일 뿐이다. '충분히 좋은 것'이면 족하다.

그때 아버지의 죽음은 앞으로 일어날 일을 다시 한번 상기시켜 주었다. 그것은 내 안에 왜 우리가 여기에 존재하는지, 삶의 의미는 무엇인지에 대한 질문을 다시 일으켰다. 이런 종류의 성찰을 할 수 있는 우리의 능력은 우리를 동물 왕국의 다른 창조물들과 구별해준다. 우리는 죽음이 우리 인생 여정의 일부인 이유를 찾고 싶어 한다. 우리가 여기에 있는 이유를 알기 원한다. 죽음에 대한 근심이 고대를 비롯해 현대의 미술, 문학, 연극, 철학, 심리학에서 중요한 주제인 것은 당연하다. 이것은 죽음에 대한 불안이 인류의 가장 기본적인 두려움임을 시사한다. 그것은 인간의 독특한 특성이기 때문에 세상에 대한 우리의 견해에 큰 영향을 미친다. 인류가 역사를 기록에 남긴 지난 시간 동안 반드시 닥치는 일에 대한 불안은 보편적인 주제이다.[1]

죽음은 강한 부인에도 불구하고 항상 우리 모두에게 큰 상징적 의미를 지니고 있음을 우리 주위를 둘러보면 알 수 있다. 수많은 복잡한 장례 절차는 이것을 잘 보여준다. 전 세계 문화권에서는 10만 년 이상 된 매장 의식의 증거가 발견된다. 시간이 흐르면서 흙 무덤, 사원, 피라미드, 선사시대의 석관, 지하 동굴이 발견되어 이집트 미라 관습부터 토탄 습지에 보존된 시신, 화장터로 사용된 불타는 배에 실려 보내진 바이킹족의 망자들, 썩은 고기를 먹는 새들이 먹도록 시체를 산꼭대기에 안장하는 풍장sky burial에 이르기까지 우리 선조들의 풍습이 드러났다.

우리가 죽음을 바라보는 방식과 죽음에 대한 불안에 대처하는 방식은

---

[1] Elizabeth Kübler-Ross (1969). On Death and Dying. New York: Macmillan; Greg Palmer (1993), Death: The Trip of a Lifetime. San Francisco: Harper. 『죽음과 죽어감』 이진 옮김. 청미

긍정적이든 부정적이든 우리 삶의 모든 측면에 심오한 영향을 미친다. 심지어 모든 휴먼 드라마가 대부분 인간으로서 죽음의 공포에 대처하는 방법, 즉 다양한 의식적인 노력과 무의식적인 방어기제를 통해 우리가 어떻게 죽음에 대한 불안을 극복하기 위해 노력하는지에 관한 이야기라고 주장할 수도 있다.[2] 그러나 앞서 언급했듯이 우리가 온갖 방어를 하는데도 죽음에 대한 불안(사랑하는 사람을 잃거나 비극에 관해 듣거나 건강상의 위기를 경험하는 것과 같은 사건으로 유발된다)은 실존과 관련된 목적을 가지고 있을 수 있다. 그것은 우리가 지금의 삶을 최대한 활용해야 함을 상기시켜 준다. 이 의미가 죽음 불안에 대한 해독제가 될 수 있다.

모든 근심의 근원

모든 인류의 실존은 과거, 현재, 미래라는 시간의 틀 안에 포함되어 있어서 예견할 수 있는 한, 우리는 죽음의 망령과 대면해야만 한다. 그러나 다가오는 죽음에 대한 염려는 인간이라면 가지게 되는 정상적인 일이다. 이런 맥락에서 우리는 외부 위협으로 해를 입을지도 모른다는 공포에서 비롯된 죽음에 대한 가장 기본적이고 오래된 형태의 불안 증세인 약탈적 죽음에 대한 불안predatory death anxiety을 가지고 있다. 결국, 삶의 주요 목적은 살아 남는 것이다. 약탈적 불안predatory anxiety의 영향을 관찰하려면, 동물의 행동을 보면 된다. 모든 동물은 살아 남기 위해 엄청난 노력을 기울인다.[3]

---

2) Robert Kastenbaum (2000). The Psychology of Death (3rd ed.). New York: Springer.

그들은 해를 입고 싶지 않다. 사자가 얼룩말을 쫓으면 얼룩말이 달아나려고 하듯이 만약 사자가 우리에게 다가오면, 우리도 그렇게 할 것이다.

나는 야생 동물을 관찰하는 데 이상적인 장소인 짐바브웨 들판의 작은 샘에 앉아 있던 기억이 있다. 나는 아주 잘 위장한 채 바위로 일부를 가리고 가시덤불에 숨어 있었다. 나는 정기적으로 샘물을 찾아 오는 아프리카 영양을 찾고 있었다. 황혼에 나는 어떤 움직임을 보았다. 가까이에서 보니 내가 예상했던 움직임이 아니라는 것을 깨달았다. 내가 본 것은 이 샘에 정기적으로 찾아오는 암사자였음에 틀림없었다. 나는 아직도 그 사자가 나를 쳐다보았을 때 사자의 눈이 어슴푸레 빛나던 것을 기억한다. 사자는 걸음을 멈추었다가 더 가까이 다가와 다시 한번 나를 바라보고 자리를 떠났다. 암사자가 그냥 떠났다. 그렇지만 여느 얼룩말처럼 나는 이 동물이 내 생명에 직접적인 위협이 될 수 있다는 것을 알았다. 내 안에서는 아드레날린이 강렬하게 솟구쳤다. 그때 나는 생명을 잃을까 두려워하는 야생동물처럼 느껴졌다. 그러나 얼룩말은 인간과 달리 결국 죽을 것이라는 사실에 압도된 채 안전한 공간에 앉아 있지 못한다. 인간은 이런 종류의 생각에 사로잡혀 있다. 그렇지만 얼룩말은 이빨과 발톱으로 무장한 무언가가 뒤를 쫓아올 때만 자신이 먹이라는 사실을 안다.

문제는 이 죽음에 대한 두려움에 어떻게 대처할 것인가 하는 것이다. 우리는 그것을 관리하기 위해 무엇을 할 것인가? 어떤 사람들은 앞으로 닥칠 일을 더 잘 받아들이지만, 다른 사람들은 자신의 죽음이나 죽음의 과정을 생각할 때 저항하기 힘든 불안을 경험할 것이다. 이 사람들에게

---

3) Emanuele Castano, Bernard Leidner, Alain Bonacossa, John Nikkah, Rachel Perrulli, Bettina Spencer and Nicholas Humphrey (2011), Ideology, fear of death, and death anxiety, Political Psychology, 32 (4), pp. 601–621.

죽음에 대한 불안은 강박으로 바뀔 수 있다. 당연하게도 죽음에 대한 불안은 다양한 심리적 증상들의 기저에 깔려 있는 근원적인 두려움이다. 자신의 죽음에 대해 어느 정도 불안을 경험하는 것은 자연스럽지만, 그것이 지속해서 떠올라 뇌리에서 떠나지 않는 두려움으로 바뀌면, 우리는 죽음 공포증thanatophobia을 겪는 것일 수 있다.

그리스어로 'Thanatos'는 죽음을 의미하고 'phobos'는 두려움을 의미한다. 따라서 죽음 공포증은 죽음 또는 죽는 과정에 대한 두려움으로 해석될 수 있다. 그리스 신화에서 타나토스thanatos는 죽음의 신이었다. 흥미롭게도 그는 때때로 죽음의 동생으로 묘사되는 잠의 신, 히프노스Hypnos의 쌍둥이 형제라고 한다. 그래서 깊고 꿈이 없는 잠, 즉 의식의 완전한 정지는 많은 사람이 상상하는 죽음의 모습과 비슷하다. 잠을 '작은 죽음little death'('작은 죽음la petite mort'과 매우 흡사하다)으로 묘사한 것은 매일 밤 우리가 잠자는 동안 영혼은 죽은 자의 땅 또는 꿈의 세계라고도 알려진 영의 세계로 우리를 재충전하는 여행을 떠난다는 믿음에 기반을 두고 있다.

죽음은 많은 문화권에서 신화적인 인물의 형태를 취한다. 예를 들어, 힌두교 판테온pantheon에는 죽음의 신 야마Yama가 있다. 그는 네 개의 팔, 튀어나온 송곳니, 분노한 표정을 가진 매우 무서운 유령으로 묘사된다. 그는 화염에 둘러싸여 있으며 올가미와 철퇴 또는 검을 들고 물소를 타고 있다. 올가미는 곧 죽을 사람들을 잡는 데 사용된다. 네덜란드(벨기에에서는 덜하지만)에서 죽음은 '죽음의 신Magere Hein(영문명 'Meager Hein')'으로 의인화 되어있다. 죽음의 신 개념은 원래 이교도 신앙에서 나왔지만 중세 시대에 등장한 것으로 보인다. 죽음의 신은 검은 망토를 두른 해골로 사람의 생명줄을 자르는 데 사용되는 낫을 지녔다. 그것은 당시 유행했던 죽음의 이미지인 죽음의 춤Dance macabre(영문명 'Dance of Death')의 영향을 받았다.

죽음 공포증으로 고통받는 많은 사람은 삶의 기쁨joie de vivre, 즉 삶에 대한 의욕을 잃어버린다. 이 상태가 특별한 장애로 분류되지는 않지만 흔히 외상 후 스트레스, 공황 장애 및 심기증과 같은 우울증 및 불안 장애와 관련이 있다. 죽음 공포증은 또한 이별에 대한 두려움, 상실에 대한 두려움 그리고 사랑하는 사람을 남겨두는 것에 대한 걱정, 인생에서 일어날 수 있는 모든 나쁜 일에 대한 두려움으로 표현될 수 있다.

우리는 모두 어느 정도 죽음에 대한 불안을 겪는다. 그러나 죽음 공포증으로 고통받는 사람들에게 죽는다는 것에 대한 두려움은 공포를 주는 삶의 요소가 되었다. 그들은 죽음에 대한 생각을 다루는 데 어려움을 겪는다. 결과적으로 그들의 두려움은 세균에 의한 오염, 위험한 물건, 위험한 상황 또는 위험하다고 인식되는 사람과 같이 죽음과 연관되는 모든 것에 집중된다. 예상컨대 만약 이러한 두려움이 영구적으로 존재한다면, 일상 생활에 지장을 줄 것이다. 가장 극단적인 현상으로는 이러한 감정 때문에 사람들이 집을 떠나는 것을 두려워할 정도가 되어 일상생활을 못 하게 될 수도 있다. 바로 죽음에 대한 이 두려움이 역설적으로 치명적 요소가 될 수 있다. 죽음 공포증으로 고통받는 사람들은 그들의 삶과 일상을 보호하기 위해 기이하고 의미 없는 방법을 고안할 수도 있는데, 그 행동들은 그들 자신을 파괴할 수 있다. 죽음 공포증의 극단적인 사례로 평생 세계에서 가장 경제적으로 성공한 사람들 가운데 한 명으로 알려진 비즈니스 거물, 투자자, 기록을 보유한 파일럿 그리고 영화감독이었던 하워드 휴스Howard Hughes를 들 수 있다. 만년에 죽음에 대한 그의 불안은 세균에 대한 공포증으로 나타났다. 그것은 그가 점점 더 기괴한 절차들을 선택하도록 만들었다. 휴스는 세균으로부터 자신을 보호하기 위해 물건을 집을 때 티슈 사용을 고집했다. 그는 사람들의 옷에서 먼지, 얼룩 또는 기타 결함을 발견하면, 그것들을 처리하라고 요구했다. 결국 그의 행동은 너무 극단적이어서 삶의 마지막에는 목욕을 하거나 이발, 면도도 하지 않은 채 계속 영화를 보면서 자주 알몸으로 대부분 시간을 의자에서 보냈다. 그가 죽었을 때는 그의 이상한 생활 방식 때문에 그인지 거의 알아볼 수 없었다. 그는 키가 큰 체격인데도 몸무게가 겨우 90파운드(약 40kg)였다.

많은 심리적, 신체적 증상은 죽음에 대한 불안에서 원인을 찾을 수 있다. 예를 들어, 죽음에 대한 불안은 일부 사람들이 죽을 것이라는 강박관념 때문에 자녀를 갖는 것에 대해 모순된 생각을 하는 이유가 될 수 있다. 죽음에 대한 불안은 또한 사람들이 치명적인 질병에 걸리는 것을 두려워하는 경우 건강을 위해 택하는 불필요한 많은 절차의 원인이 될 수 있다. 건강 염려증Hypochondriacal preoccupations이 이 범주에 포함된다. 많은 공포 반응의 원인도 죽음에 대한 불안이다. 과도한 죽음에 대한 불안으로 고통받는 사람들은 또한 밤에 죽음에 대한 생각에 사로잡힐 수 있어서 수면 장애로 고통받기도 한다. 예를 들어, 한 번은 누군가 나에게 이렇게 말한 것을 기억한다. "나는 언제나 고통이 두려워서 죽을 것만 같았습니다. 생각하는 것조차 두려웠죠. 그렇지만 이러한 생각들을 밀어내기 위해 무엇을 하든 그것들은 꿈에서 다시 나타납니다."

다른 사람들은 죽음에 대한 끊임없는 생각으로 인해 무력감, 외로움, 통제력 상실, 무의미함을 느끼며 마음의 평화를 잃어버린다. 예상대로 죽음에 대한 집착은 또한 이렇게 고통받는 사람들의 사고방식과 의사결정

능력에 부정적인 영향을 미치며, 쉽게 격렬한 감정을 느끼고 충동적이고 비합리적인 반응을 하게 만든다. 요약해서 말하면 결국 우리의 유한함에 대한 자각(의식적 과정이든 무의식적 과정이든)이 우리의 모든 감정, 생각, 행동에 큰 영향을 미칠 수 있다는 것이다. 그러나 이러한 경험의 강도는 개인의 내적 안전감에 따라 달라질 것이다. 죽음 공포증을 가진 사람들은 가장 극단에 위치한다. 일반적으로 말해서, 죽음에 대한 불안은 안정된 자존감을 가진 사람들에게는 영향을 덜 미치는데, 이는 확고한 자존감을 소유하는 것이 의미 있는 활동과 관계가 있음을 시사한다.[4]

역설적이게도 내가 사람들에게 죽음에 대한 생각이 어떻게 행동에 영향을 미치는지 물으면 많은 사람이 죽음에 대해 거의 생각하지 않는다고 가볍게 대답한다. 그러나 앞서 언급했듯이 그들은 무의식의 영향과 심리적 방어의 힘을 무시한다. 무의식 수준에서 그들의 궁극적인 죽음에 대한 인식은 항상 존재할 것이다. 부지불식간일지라도 우리는 모두 죽음에 대한 불안을 느끼기 쉬운데 이 감정은 삶의 중요한 부분에 영향을 줄 수 있다. 그리고 반복해서 언급한 바와 같이 죽음에 대한 불안은 의미를 찾게 하는 이면의 동기이며 우리가 하는 많은 행동의 원인이 된다. 그런 점에서, 죽음은 은밀한 동기요인으로 볼 수 있다.[5] 그리고 다시 한번 이것은 의미와 죽음이 동전의 양면과 같다는 것을 보여준다.

---

[4] Victoria L. Buzzanga, Holly R. Miller, Sharon E. Perne, Julie A. Sander, and Stephen F. Davis (1989). The relationship between death anxiety and level of self-esteem: A reassessment, Bulletin of the Psychonomic Society, 27 (6), pp. 570-572.

[5] Manfred F. R. Kets de Vries (2014). Death and the executive: Encounters with the "stealth motivator," Organizational Dynamics, 43 (4), pp. 247-256.

다양한 연구에 따르면 자살을 통해 죽음을 앞당기기를 원하거나 안락사가 허용되는 국가에서 임종을 택하는 많은 사람은 우리가 예상하듯이 육체적 고통의 경험으로 그런 결정을 내리지는 않는다는 것을 볼 수 있다. 그들 가운데 많은 사람이 우울증, 절망감, 무의미함을 호소했다.[6] 사람들이 조력 자살을 요청한 주된 이유는 삶의 의미를 상실했기 때문이었다.

우리가 하는 일을 하도록 만드는 많은 부분은 죽음에 대한 불안을 억제하거나 최소한 상징적으로라도 죽음을 물리치려는 시도에서 비롯된다. 그리고 우리는 죽음의 위협적인 이미지를 물리치기 위해 수많은 방어 수단에 의존한다. 그러나 우리가 모든 노력을 기울이지만, 기대와는 달리 우리의 의식은 죽음에 사로잡혀 있어서 우리의 방어 전략은 제한적으로만 성공을 거두며, 우리가 하는 모든 일의 동기가 영향을 받는다.

부정의 핵심적 기능

죽음에 대한 생각을 피하기 위한 많은 방법 가운데서, 부정은 죽음과 관련된 생각에 대한 주요 방어책이 된다. 우리는 두려움에 정면으로 맞서기보다는 이러한 무서운 현실에 대해 생각하고 싶어 하지 않는다. 그러나 죽음에 대해 생각하지 않는다고 해서 삶이 영원히 지속하는 것은 아니다. 사마라Samarra의 죽음에 관한 고대 이야기는 이것을 분명히 보여준다.

---

6) William Breitbart (2014). Psychosocial Palliative Care. New York: Oxford University Press.

아주 오래 전, 바그다드의 한 상인이 식량을 구하러 그의 하인을 시장으로 보냈다. 얼마 지나지 않아 하인은 새하얗게 질려서 돌아왔다. 그는 두려움에 떨며 상인에게 말했다. "주인님, 제가 방금 시장에서 군중 속의 한 여인에게 떠밀렸습니다. 그런데 자세히 보니, 그것은 저를 위협하는 죽음이었습니다."

공포에 휩싸인 하인은 상인에게 백 킬로미터 이상 떨어져서 죽음이 그를 찾을 수 없을 것이라고 생각되는 사마라Samarra 마을로 도망칠 수 있도록 가장 빠른 말을 빌려 달라고 요청했다.

얼마 뒤, 화가 났지만 호기심이 생긴 상인은 장터로 걸어가다가 죽음을 발견했다. 그는 죽음에게 왜 그날 아침 그의 하인을 위협했는지 물었다. 죽음은 이렇게 말했다. "그를 겁주려는 의도는 없었지만 너무 놀랐던 거야. 오늘 밤 사마라에서 그와 만나기로 되어 있었기 때문에 바그다드에서 그를 보고 놀란 것이지."

이야기 속의 하인처럼 우리는 죽음을 피하려고 한다. 특히 서구 사회는 부인하는 데 매우 능숙하다. 꽤나 자주 죽음은 대화 가운데에서 누구나 알지만 말하기를 꺼리는 금기시된 주제이다. 우리는 그것이 존재하지 않는 것처럼 행동하기를 좋아한다. 우리는 죽음을 혐오하는 경향이 있는 문화 속에서 산다. 젊음의 환상을 유지하기 위한 성형 수술, 특별 다이어트, 운동 프로그램이 인기인 가운데 우리는 세상의 다른 지역들에 비해 다가올 죽음에 대해서는 생각하기를 꺼려한다. 실존주의 심리학자 어빈 얄롬 Irvin Yalom은 죽음에 대한 불안을 다루는 것은 태양을 응시하는 것과 같다고 지적하면서 이러한 태도를 비유했다. 우리는 눈을 돌려야 한다고 느끼기 전 몇 초 동안만 그것을 볼 수 있다.[7] 또는 프랑스 작가 프랑수아 드 라 로

---

7) Irvin D. Yalom (2008). Staring at the Sun: Overcoming the Terror of Death, San Francisco: Jossey-Bass.

슈푸코François Duc de La Rochefoucauld의 말을 인용하면, "태양도 죽음도 계속 바라볼 수는 없다." 죽음에 대한 생각이 떠오르면 우리의 방어기제들은 순식간에 쉴 새 없이 작동하기 시작한다. 우리는 죽음으로 벌어지는 달갑잖은 일거리들을 병원과 장례식장에 맡기고 죽음을 시야 밖에 그리고 생각 밖에 두고자 한다.

부정하는 방어기제는 제한된 횟수 내에서는 유용하지만 과도하게 적용하면 정서적으로 매우 큰 비용을 초래할 수 있다. 죽음의 존재를 부정하는 것은 매 순간 또는 삶과의 이별이 갖는 소중함을 잘 알게 해주지 못한다. 비록 우리가 깨닫지 못하더라도, 부정은 광범위한 정신 메커니즘과 신체적 활동을 통해 전면에 나타나며, 대부분은 무의식 수준에서 일어나는 경향이 있어서 인식되지 않는다. 예를 들어, 부정은 규칙 위반, 체계 및 경계 훼손, 열광적인 축하, 타인에 대한 폭력 및 기타 형태의 비윤리적인 행위와 같은 다양한 행동의 근원으로 보인다. 나는 또한 죽음에 대한 불안에 사로잡혀 있는 사람들이 어떻게 자신과 다른 사람들에게도 해가 되도록 점점 더 방어적 태도를 갖게 되는지를 목격해왔다. 그러나 부정을 통해 죽음에 대한 두려움을 스스로 막아보려고 하는 동안 그들은 인생에서 중요한 것이 무엇인지에 대한 기준을 잃을 수 있다. 그들은 사소한 문제들을 중시하느라 다른 값지고 더 의미 있는 활동들에 가치를 두지 못하고 있을지 모른다. 그들 가운데 일부는 결코 죽지 않을 것처럼 살아가고 있다. 그들은 남은 시간이 얼마이든 마치 낭비해도 되는 것처럼 인생을 흘려 보낸다. 그러나 죽음을 막으려는 광적인 노력으로 인해 그들이 경험 가능한 범위가 줄어드는 위험이 있다. 그들은 한때 그들을 매료시켰던 관심사를 포기할 수 있다. 그들은 점차 덜 기쁘고 더 우울해져서 결국 삶에 대한 허망함을 느끼게 될 수 있다. 그들은 심지어 다른 사람에게 상처를 주는 것을 쾌락으로 삼아 그들이 살아 있음을 느끼려고 보복적으로 변할 수도 있다.

나는 가끔 가족 사업에 대한 조언을 요청받았을 때, 이런 종류의 보복적인 행동을 본 적이 있다. 전형적인 패턴은 소유자가 원활한 승계를 위해 필요한 조치를 취하려고 하지 않는 것이다. 소유주의 자기애적 성향을 감안할 때, 보통 그는 죽음이 다른 모든 사람은 찾아가지만 자신에게는 오지 않을 것이라는 마법 같은 생각에 빠져 있는 것처럼 보인다. 그의 무의식 속에서는 자신이 불멸의 존재라고 여기고 있을지도 모른다. 그것은 마치 다음 세대가 자신의 권력을 찬탈할 것을 두려워하던 신화 속의 왕 라이오스King Laius를 연기하는 것과 같다. 결과적으로 그는 후계자들의 삶을 비참하게 만들기 위해 할 수 있는 모든 일을 할 것이다. 일반적으로 결말은 실제 그리스 비극처럼 아들이나 딸이 상처를 입고 사업이 망해버리는 것으로 끝이 나게 된다.

발달심리학자 에릭 에릭슨Erik Erikson은 인간 발달에 대한 사회심리학적 이론을 개발하여 사람들이 나이가 드는 과정에서 일련의 위기를 겪으며 발전하다고 설명했다. 그는 개인이 인생의 마지막 단계에 도달하면, '자아 통합ego intergrity'이라고 부르는 수준에 도달한다고 말했다. 자아 통합은 우리가 우리의 유일한 삶을 받아들이고 그것에 만족하는 법을 배우는 단계이다. 다시 말해서, 우리는 삶에 대한 긍정적인 회고를 통해 우리의 삶을 돌아볼 때 일관성과 완전성을 경험한다. 그러나 인생에서 의미를 찾을 수 있을 때만 우리는 이 통합 단계에 도달할 것이다. 우리가 만약 삶이 실패하거나 놓친 기회들로 채워져 있다고 바라보거나 결실이 없다고 생각한다면, 그리고 과거를 후회하거나 인생의 목표를 달성하지 못했다고 느낀다면 이 단계에는 이르지 못할 것이다. 만약 그렇다면, 우리는 우울증과 절망에 빠질 수 있다. 에릭슨에 따르면, 통합 단계에 도달한 사람들은 이와는 대조적으로 죽음에 대한 불안으로 그렇게 괴로워하지 않을 것이다. 절망감이 발생할 가능성은 더 작아진다.[8]

죽음을 부정한다는 맥락에서 심리학 분야에는 공포 관리 이론이 도입되었다. 그러나 주목을 끄는 이름인데도, 나는 이 이론을 죽음에 대한 불안에 있어 우리가 가진 다양한 생각을 정리하는 또 하나의 방법이라고 본다. 기본적으로 그것은 죽음에 대한 우려가 우리의 행동에 어떻게 영향을 미치는지 이해하는 데 도움이 되는 실존적, 정신역동적, 그리고 진화론적 이론에서 파생된 여러 사회 심리학적 제안들로 구성되어 있다.[9] 이 주제에 관심이 있는 많은 다른 사람과 마찬가지로 공포 관리 이론의 지지자들은 의미를 실존적 불안을 완충해주는 (따라서 기본적으로 우리가 회피하는 데 도움이 되는) 근원적인 요소로 바라 본다.

이러한 아이디어 가운데 많은 부분은 문화 인류학자인 어니스트 베커Ernest Becker의 연구에 기반을 둔다. 그는 언제든지 죽을 수 있다는 인식과 함께 생존하려는 인간의 동기가 죽음에 대해 무력감을 주는 공포를 불러일으키는 힘이 있다고 말했다. 그는 "인간 행동의 근본 동기는 죽음의 공포를 부정하기 위해 기본적인 불안을 통제하려는 생물학적 필요성이다."

---

8) Erik H. Erikson (1963), Childhood and Society. New York: W. W. Norton. 『유년기와 사회』 송제훈 옮김. 연암서가
9) Greenberg, J., & Arndt, J. (2012). Terror Management Theory. In P. A. M. Van Lange, A. W. Kruglanski, and E. T. Higgins (Eds.), Handbook of Theories of Social Psychology (p.398-415); Solomon, S., Greenberg, J., & Pyszczynski, T. A. (2015). The Worm at the Core: On the Role of Death in Life. New York: Random House.

라고 하면서 인간은 그들의 잠재 의식 속 공포를 통제하거나 부정하려는 노력으로 많은 심리적 에너지를 소비한다고 다시 한번 지적했다.[10] 그러나 이 이론에 따르면, 문화적 세계관과 우리의 자존감은 죽음에 대한 실존적 두려움을 관리 (또는 '진정')하기 위해 중요한 불안 완충 역할을 할 수 있다. 더 나아가 앞서 간단히 언급했던 것처럼 내세에 대한 믿음, 또는 개인 성취와의 일체화와 가족을 통한 연속성처럼 현실에 대해 공유하고 있는 상징적 개념을 통해 영속성, 질서 및 의미를 느낄 수도 있다.

불멸immortality 시스템

우리 모두가 죽어가고 있지만, 우리는 모두 영원히 살 것이라고 자신에게 거짓말을 하면서 이것이 실제 사실이라고, 우리만큼은 어떻게든 예외적으로 규칙을 벗어날 것이고, 시스템을 속이고 계속 살아갈 수 있을 것이라고 무의식적으로 자신을 납득시키려 할지도 모른다. 이것은 덧없음, 그리고 무로 돌아간다는 무서운 위협을 더 감당할 수 있어 보이는 것으로, 우리가 이해할 수 있는 것으로 바꾸려는 시도이다. 그러나 의식 수준에서 우리는 죽음에 대한 불안으로 인해 글로 표현된 상징적인 불멸을 찾으려고 더 노력한다. 물론 우리는 영생을 위해 신앙심에 근거한 믿음에 의지할 수도 있다. 일반적으로 말해서, 종교적 신념은 죽음을 부정하는 가장 강력한 형태를 나타낸다. 그것은 모든 불멸 시스템의 근원으로 볼 수 있

---

10) Ernest Becker (1973). The Denial of Death. New York: The Free Press. 『죽음의 부정』 노영승. 한빛비즈

다. 대표적으로 우리는 얼마나 많은 사람이 내세에 대한 희망이나 기대를 유지하기 위해 종교적 교리를 받아들이는지 목격할 수 있다. 그리고 이러한 생각은 어떤 마음의 평화를 얻는 데 도움이 될 수 있다. 동시에 전쟁과 다른 형태의 분쟁들은 일부 사람, 특히 특정 종교나 사상의 불멸 계획이 다른 사람들의 그것과 어떻게 충돌하는지를 보여주는 전형적인 예이다.

물론, 우리 가운데 많은 사람은 우리의 자녀와 손주들을 통해 존재를 이어감으로써 생물학적으로 죽음의 공포를 이겨낸다. 우리는 이러한 방식으로 우리의 생각과 문화 유물을 전달할 것으로 믿는다. 우리는 가족, 친구, 더 넓은 공동체에 대한 헌신에서 의미를 찾을 수 있다. 공동체는 불멸감을 갖게 해주어 의미를 찾는 데 중요한 역할을 할 수 있다. 또 예술, 문학 및 과학 분야의 창의적인 작업에서 상상력을 통해 형성되는 상징적 불멸이 있다. 우리가 성취를 통해 존재를 이어가는 것은 죽음의 공포를 다루는 매우 건설적인 방법일 수 있다. 시인 랄프 왈도 에머슨Ralph Waldo Emerson은 "모든 사람에게 죽음이 찾아오지만, 위대한 업적은 태양이 식어버릴 때까지 견딜 수 있는 기념비를 세운다."라고 말했다.

인간 문명은 이러한 많은 불멸 프로젝트들의 결과로 볼 수 있다. 어디를 바라보든 우리는 이전 세대들의 불멸 프로젝트들에 둘러싸여 있다. 예를 들어, 죽음에 대한 부정이 정치, 스포츠 및 비즈니스 성과에서 실제로 나타남을 볼 수 있다. 그러나 후자의 경우 권력과 부를 축적하려는 충동은 흔히 권력과 부를 무적無敵, 즉 다른 형태의 상징적 불멸과 동일시하는 잘못된 믿음 때문에 촉발된다. 이러한 경우, 우리는 사람들이 다른 사람들 통제함으로써 그리고 재정적 성공을 달성함으로써 죽음에 대한 두려움에서 자신을 방어하는 것을 볼 수 있다.

죽음의 불안에서 벗어나려는 또 다른 방어책은 자연의 일부가 되는 것에 중점을 두는 것이다. 여기서는 우리가 죽으면 영원히 지속될 (지구 온난화가 모든 것을 위협하게 되기 전까지는) 자연으로 돌아간다고 생각한다.[11] 따라서 노년기 초월감은 교감의 느낌, 즉 생성, 퇴화, 재생의 순환을 통해 우주와 하나되는 느낌이 커지는 경험과 관련 있다. 우리는 생명이 있고, 삶을 살고 그것을 되돌려 준다.

우리 시대의 또 다른 모습은 사람들이 감정적 고통, 특히 죽음에 대한 불안을 완화하기 위해 스스로 강화되는 치명적인 습관들의 발달된 방식에 점점 더 의지하는 것이다. 중독 행위와 약물 남용은 죽음을 부정하는 매혹적인 대안이다. 그러나 죽음에 대한 우리의 의식적인 두려움이 이러한 다양한 불멸 프로젝트들을 통해 잠시 완화될 수 있더라도 무의식에는 죽음에 대한 불안이 항상 머물러 있을 것이다.

죽음에 대한 두려움은 삶의 기본 동기일 뿐만 아니라 많은 심리적 장애의 핵심이다. 그러나 우리가 죽음에 대한 불안과 소멸에 대한 두려움에서 벗어나기를 원한다는 것이 인류가 처한 역설이다. 모순적으로 들릴지 모르나 살아있다는 것이 이런 불안을 가져와 어떤 사람들의 경우에는 풍성한 삶을 살 능력이 제한된다. 죽음에 대한 예견은 우리가 적어도 표면적으로는 비성찰적인 삶을 살아가도록 자신을 진정시키게 언제나 유혹할 것이다. 결과적으로 많은 사람은 자신의 사회적 역할에 완전히 몰두하고 사회가 가장 바람직하다고 여기는 모든 것을 추구함으로써 죽음을 부정하려고 한다. 이는 너무 자주 섹스, 돈, 권력, 지위, 명성으로 드러난다.

---

11) Manfred F. R. Kets de Vries, (1978). Defective Adaptation to Work: An Approach to Conceptualization, Bulletin of the Menninger Clinic, 42 (1), pp. 35-50.

게다가 죽음은 은밀한 동기 요인으로서 왜 불치병 진단을 받은 사람들과 죽음에 이를 뻔한 체험을 겪은 사람들이 흔히 가장 생동감 있게 생활하는지 설명할 수 있을 것이다. 아마도 그들은 죽음을 받아들이는 방법을 찾았을 것이다. 그들은 삶의 최전선에서 죽음과 함께 살아갈 수 있다. 그리고 이 사람들은 죽음을 억누르기보다는 오히려 인정하면서 더 치열하게 삶을 살아가고 있으며 이는 죽음의 이면에 삶의 의미가 있다는 점을 다시 한번 보여준다.

06
답을 찾아서

> 길가메쉬, 서둘러 어디로 가고 있는가?
> 당신은 당신이 찾고 있는 그런 삶을 결코 찾지 못할 걸세.
> 신들이 인간을 창조할 때, 죽음을 인간에게 나누어 주고,
> 그러나 생명은 자신들을 위해 남겨 놓았다네.
> 길가메쉬여, 좋은 것으로 배를 채우거나;
> 밤낮으로 춤추고 흥겹게 향연을 열고 즐거워하세
> 깨끗한 옷을 입고, 몸을 씻으시게.
> 당신의 손을 잡고 있는 아이를 소중히 여겨야 하네.
> 당신의 품에서 아내를 행복하게 해주거나.
> 이 또한 인간의 몫이기 때문에…
> — 길가메쉬Gilgamesh의 서사시

> 외적으로 용감한 사람은 과감히 죽는다.
> 반면, 내면의 용기가 있는 사람은 과감히 살아낸다.
> — 노자

죽음이라는 맥락에서, 철학자들은 '의미의 의미'를 포함하여 의미의 개념을 고민하면서 셀 수 없이 많은 시간을 보냈다. 그들은 의미가 무엇인지,

의미가 어떻게 만들어지고 우리가 그것을 어떻게 찾을 수 있는지에 대한 일종의 일관된 이해에 도달하려고 노력해왔다. 그들은 또한 삶의 의미가 내부적인 것인지, 삶의 많은 활동에 내재되어 있는지, 아니면 외적인 것이어서 우주 어딘가에 우리가 대답해야 할 더 고차원적인 존재가 있는지에 대한 물음을 숙고해왔다.

기원전 2,000년경 고대 메소포타미아의 유명한 서사시의 영웅 길가메쉬는 자신이 죽어야 하는 이유를 이미 궁금해하고 있었다. 기원전 1,700~1,100년경에 작곡된 세계에서 가장 오래된 종교 문헌 가운데 하나인 산스크리트 찬송가 모음집인 리그 베다Rig Veda의 작곡가들도 비슷한 질문을 했다. 구약성경(기원전 7세기에 쓰인 주요 문헌)에서 욥은 하나님께 왜 자신이 고난을 받아야 하고 심지어 죽음을 맞이해야 하느냐고 묻는다. "참으로 사람에게는 땅에서 일하는 기간이 있고 그의 날들은 일꾼들의 삶과 같으니 그늘을 사모하는 종과 같고 삯을 기다리는 품꾼과 같도다. 참으로 나에게는 허무한 날들과 비참한 밤이 주어졌도다."[1] 그리스도보다도 수세기 전, 중국 도교는 모든 것의 의미에 의문을 제기했다. 기원전 500년경, 부처는 어떻게 괴로움을 극복할 수 있는지 고민했다. 많은 고대 그리스 철학자들은 삶의 이유에 집중했다.

고대 그리스인들은 에우다이모니아eudaimonia 개념을 믿었는데, 이는 행복이나 복지로 가장 잘 번역되며 인간의 번영이나 번성으로 이해될 수 있다. 의미를 이해하려는 노력 가운데 행복과 의미의 개념은 서로 얽히게 되었다. 그러나 행복은 삶의 의미와 목적이자 인간 존재의 목표이고 이유이다. 에우다이모니아 개념은 소크라테스, 스토아 학파, 그리고 가장 광

---

1) Holy Bible (1973). New International Version, Job, 7:1-3.

범위하게는 아리스토텔레스에 의해 자세히 설명되었다. 에우다이모니아에 대한 각각의 해석은 세부적으로는 다르지만, 에우다이모니아를 달성하기 위해 덕을 얻는 것이 꼭 필요하다는 강한 공감대가 형성되어 있었다. 아리스토텔레스는 그의 저서 니코마키안Nichomachean 윤리학에서 에우다이몬eudaemon적인 삶은 쾌락을 통해 달성되는 것이 아니라 '이성에 따른 덕행'[2]을 통해 달성된다고 표현했다. 그는 그것을 순간적인 오감의 즐거움보다는 고요하고 영구적인 행복의 상태로 보았다. 이러한 생각들이 최초로 제안된 이후 수천 년이 지났지만 소크라테스, 플라톤, 아리스토텔레스의 가르침은 우리가 행복과 의미를 어떻게 내적인 과정으로 바라볼 것인가를 논의해왔다.

헬레니즘 철학자들과는 대조적으로, 아우구스티누스, 바뤼흐 스피노자Baruch Spinoza, 폴 틸리히Paul Tillich 세 사람과 같이 더 신학적인 경향이 짙은 사람들은 외부의 힘, 즉 우주를 창조한 신의 존재를 믿었다. 그들이 의미를 찾는 과정에서는 종교가 구원자가 되었다. 유신론자들에 따르면, 우리는 모두 이 세상에 존재하는 이유가 있다. 하나님은 우주를 창조하셨고, 거기에는 목적이 있었다. 그러나 이 목적이 무엇인지는 오직 하나님만이 안다.

이러한 세계관Weltanschauung을 따르는 사람들은 죽음 이후에 삶이 이어지는 곳이 있다고 주장한다. 그들은 우리 모두 때가 되면, 우리가 이 땅에 살면서 얼마나 의로웠는지 불의했는지에 따라 평가될 것으로 믿는다. 사후에는 하나님의 심판에 따라 상이나 형벌이 따를 것이다. 이러한 신자들에 따르면, 우리는 하나님을 섬기거나 그를 따르기 위해 그리고 하나님께

---

[2] Aristotle, Nichomacean Ethics, Book I, Chapter 10. 『니코마코스 윤리학』 박문재 옮김. 현대지설

서 우리를 만드신 목적을 성취하기 위해 이 땅에 존재한다. 유신론자들에게 있어서 의미를 주는 분은 하나님이다. 만약 우리의 삶에 궁극적인 의미와 가치 또는 목적을 부여해주시는 하나님이 없다면 우리의 삶은 모순적일 것이다. 오직 하나님만이 우리를 각 개인 자신의 존재 이상으로 위대하게 만드실 수 있다. 하나님의 뜻대로 사는 것이 죽음을 초월하는 유일한 길이다.

 신학적 관점을 가진 이들과는 대조적으로, 계몽주의 시대의 일부 철학자들은 덜 신비롭고 더 이성적인 견지에서 인간의 삶은 전혀 의미가 없다고 말했다. 이성과 논리가 종교와 미신을 대체해야 한다. 이 사상가들에 따르면, 종교, 신비주의와 주술은 모두 죽을 수밖에 없다는 이해할 수 없는 사실에 대한 반응으로 의미를 찾고자 하는 근원적이고 절박한 인류의 공통된 필요에서 비롯된다. 이러한 이유로 호모 사피엔스는 초자연적인 과정, 주술 및 기타 비이성적인 신념 체계에서 답을 찾으려 노력하면서, 언제나 삶의 의미를 찾기 위해 고군분투했다. 계몽 사상가에 따르면 의미는 더는 전능한 창조자로부터 기본적으로 부여되는 것으로 간주되어서는 안 된다. 오히려 그것은 우리가 논리적 추론과 사고를 통해 발견하는 것이다. 이 추론에서 우리가 끌어낼 수 있는 결론은 의미를 만들어내는 것이 우리에게 달려있다는 것이다. 예를 들어, 철학자 프리드리히 니체Friedrich Nietzsche에게 있어서 계몽주의는 신의 실체를 앗아가 버렸다. 그는 심지어 "신은 죽었다."라고도 말했다. 그리고 철학자 마틴 하이데거Martin Heidegger는 훗날 니체의 사상을 확장하여 다음과 같이 썼다. "만약 모든 실재의 초감각적 토대이자 목표인 신이 죽었다면, 만약 신념들의 초감각적 세계가 필수적으로 필요로 하는, 게다가 생기를 불어넣어주고 구축해주는 힘의 상실을 겪었다면, 인간이 붙들 수 있고 자신의 방향을 정할 수 있는 것은 더는 남아 있지 않다."[3]

찰스 다윈Charles Darwin의 이론에 영향을 받은 많은 철학자는 우리 종의 존재를 단지 목표나 목적 없이 일어난 진화 과정의 정점으로 보아야 한다고 지적했다. 측량할 수 없는 광대한 우주 앞에서 인간은 보잘것없는 티끌에 불과하다. 우리 존재가 심지어 어떤 신성한 우주 너머 계획의 일부라고 하는 것은 망상으로 보아야 한다. 본질에서 이러한 과학 기반의 세계관에서 본 이 땅에서의 삶은 우리의 존재에 무관심한 우주에서 벌어진 무의미한 우연이다. 인류는 그들이 우주의 냉정한 광대함 가운데에 홀로 있으며 그 곳에서 우연히 나타났음을 깨달아야 한다.

빅뱅 이론(140억 년 우주 이야기를 재구성하기 위한 우주론자들의 최선의 시도)의 발전으로 의미에 대한 유신론자들의 접근 방식('천지창조설'을 합리화하지만)은 더욱 의문스러워졌다. 만약 지구가 파괴된다 해도(현재 우리가 따라가고 있다고 보이는 경로), 나머지 우주는 평소와 같이 움직이고 있을 것이다. 조금의 변화도 생기지 않을 것이다. 설상가상으로 호모 사피엔스를 아쉬워하지도 않을 것이다. 이러한 더 과학적 관점을 바탕으로, 실존주의를 지향하는 철학자들과 작가들(프리드리히 니체, 쇠렌 키르케고르, 표도르 도스토예프스키, 프란츠 카프카, 칼 야스퍼스, 에드문트 후설, 마틴 하이데거, 모리스 메를로퐁티, 장 폴 사르트르, 알베르 카뮈 등)은 신이라는 형태의 어떤 실체가 우리의 삶에 의미를 부여할 책임이 있다고 가정하는 것은 유치하다고까지 말했다. 그것은 우리에게 달

---

3) Martin Heidegger: Nietzsche's Word, God is Dead. https://cupdf.com/document/heidegger-nietzschesword-god-is-dead-holzwege.html p. 163.

려 있다.[4]

그러나 이 실존주의자들이 강조한 것은 우리에게 자유 의지가 있다는 것이다. 우리 각자에게는 삶의 의미를 창조할 책임이 있다. 삶은 초자연적인 신이나 다른 어떤 이 세상 밖의 권위에 의해 결정되지 않기 때문에 우리는 자유롭게 선택할 수 있다. 외부에서 우리에게 부여한 의미나 목적이 없으므로 우리는 행동을 통해 삶에 의미를 부여해야 한다. 우리는 우리 자신 안에서 의미를 발견해야 한다.

이 철학자들에 따르면, 호모 사피엔스의 의미 탐색은 내적인 과정으로 보아야 한다. 의미는 우리의 특정한 상황과 이해에 따라 사람마다 독특하고 주관적이다. 인생의 의미는 우리가 성취하기로 결정하는 것이다. 신화학자 조셉 캠벨Joseph Campbell은 이 점을 강조했다. "인생에는 의미가 없다. 우리 각자가 의미를 가지고 그것에 생명력을 부여하는 것이다. 당신이 답 자체일 때 의문을 갖는 것은 시간 낭비다." 그는 "인생의 의미는 당신이 그것을 어떻게 정의하느냐에 달렸다. 살아 있다는 것 자체가 의미이다."라고 덧붙였다.[5]

의미가 무엇에 관한 것인지에 대한 이러한 매우 다양한 성찰은 의미를 찾는 것을 매우 어렵게 만든다. 그들은 또한 삶에 대단히 중요한 의미가 있는지에 대한 여부도 무용하다고 본다. 의미는 각자의 경험, 삶의 각 단면들(친구, 성취, 인정 및 상상력)이 조각으로 모여 있는 모자이크 개념으로 보는 것이 더 현실적이다. 이런 내적인 관점은 이 땅에서의 삶을 정당

---

4) Walter Kaufmann (1975) (ed). Existentialism from Dostoevsky to Sartre, Revised and Expanded Edition. New York: New American Library; William Barrett (1990). Irrational Man: A Study in Existential Philosophy New York: Anchor.
5) https://excellencereporter.com/2015/07/21/joseph-campbell-the-meaning-and-the-goal-of-life/.

화하는 것이 우리의 활동에서 얻는 만족임을 시사한다. 그러나 이러한 활동에 대한 보상은 사후의 어떤 영적인 세계가 아니라 현재 우리의 삶 동안 경험하는 만족에서 찾아야 한다.

무엇이 의미를 구성하는가에 대한 의견이 늘어난다는 것은 우리가 왜 여기에 존재하는가라는 중대한 의문에 대해 우리 인류가 아직 답을 찾지 못했다는 것을 보여준다. 많은 사상과 관점의 대두로 인해 우리의 존재에 대한 해석이 역사적 시대와 지배적인 철학 학파에 따라 매우 다양한 것은 놀라운 일도 아니다. 아마도 이 질문에 대한 만족스러운 답을 찾기 위해 우리는 사회의 발전에 따라 개인적인 생각을 지배적인 집단 사고(시대정신Zeitgeist)와 동기화해야 할 수도 있다. 우리의 개인적인 이야기가 우리 주변 사람들의 이야기와 맥을 같이 하는 한, 우리가 의미 있는 삶을 살고 있는지 여부에 대해 확신하기가 더 쉬울 것이다.

진화론적 관점

철학자들과는 대조적으로 진화 생물학자들은 삶의 의미에 대해 더 자연주의적인 견해를 제시한다. 그들에 따르면, 우리는 자연의 일부이므로 우리가 하는 방식대로 행동한다. 우리는 유전적 구성에 따라 우리가 하는 일을 한다. 자연주의자 찰스 다윈은 일찍이 1859년에 진화론의 맥락에서 왜 우리가 여기에 존재하는지에 대한 질문을 다루었다. 다윈에 따르면, 모든 종의 기본 과제는 항상 멸종을 막는 것이었다. 그런 측면에서 우리가 왜 여기 있는지, 삶의 의미는 무엇인지와 같은 질문에 대답하는 것은 사실 매우 간단하다. 그것은 번식과 관련이 있다. 다시 말해, 의미는 결국 우리 종의 생존과 지속에서 찾을 수 있다. 본질에서 진화론은 유기체는 생존하고 번식하는 데 도움이 되는 새로운 유전 형질을 자손에게 전달하면서 환경에 적응한다고 주장한다. 수백만 년의 진화로 인해 우리가 특정한 방식으로 행동하도록 프로그램되어 있으므로 우리는 우리가 하는 방식으로 행동한다. 순수한 진화론자들에게 생명의 의미는 진화 과정을 이어가는 것이다.

생명의 의미에 대한 이러한 자연주의적 설명은 분명히 많은 다른 사람의 기본적인 종교적 신념에 위배되며 그들 가운데 다수가 진화론을 완강히 거부한다. 삶과 죽음에 대한 하나의 세계관인 다윈주의적 사고는 그들에게 위안을 제공하지 않는다. 진화론은 생명체가 우리보다 수십억 년 전에 존재했고, 인간의 삶은 연속된 긴 자연 현상의 산물이며 우리는 특별한 창조의 산물이 아니라고 말한다. 다윈은 신에 의한 원대한 설계는 없으며 사후 세계와 같은 것도 없다고 분명히 말했다. 인간도 다른 종처럼 죽으며 신에 대한 합리적 증거가 없다는 과학적 판단을 부정하는 많은 사람이 있다는 것은 놀라운 일이 아니다.

흥미롭게도, 인류라는 기획에는 어떤 목적이 있다고 하는 비교적 새로운 '지적 설계intelligent design' 이론은 우리가 여기에 있는 이유에 대한 희망적인 생각과 약간의 합리성을 결합하므로 매우 매력적인 절충안이 된다. 지적 설계 이론은 우주와 생명체의 특정한 특징은 자연 선택설과 같은 임의의 과정이 아니라 지적인 활동에 의해 가장 잘 설명할 수 있다고 간주

---

6) Michael Behe(1996). Darwin's Black Box: The Biochemical Challenge to Evolution. New York: The Free Press; https://www.livescience.com/9355-intelligent-design-ambiguous-assault-evolution.html. 『다윈의 블랙박스』 김성철 외 옮김. 풀빛

한다.[6] 그러나 생명의 기원과 신의 존재에 대한 이러한 유사과학적 주장의 가치는 의심스럽다.

우리가 생존 본능을 지닌 동물이라는 사실에 이의를 제기하기란 어려운 일이다. 가장 기본적인 수준에서 우리의 생존 요구는 음식, 음료 및 휴식으로 귀결된다. 그리고 일반적으로 우리는 번식을 위해 이성을 찾는다. 이것은 왜 생명의 의미에 대한 진화론자들의 답이 항상 놀라울 정도로 단순했는지 설명해준다. 그것은 바로 짝짓기이다. 이러한 관점에서 사람들이 자신의 삶을 가치 있게 만드는 것, 즉 삶에 의미를 주는 것에 대해 이야기할 때, 자녀와 가족을 갖는 것을 보통 최상위에 두는 것은 어쩌면 당연하다. 알버트 아인슈타인Albert Einstein이 말했듯이 "우리가 우리의 아이들과 젊은 세대를 통해 계속 살 수 있다면, 우리의 죽음은 끝이 아니다. 그들은 우리이기 때문이다. 우리의 몸은 생명 나무의 시든 잎사귀일 뿐이다."

집단과 애착 행동

번식하기 위한 우리의 능력에 도움이 되기 때문에 인류가 우리의 행동 방식을 개발해 왔다는 개념은 반드시 우리가 유전자를 전달하는 삶에만 전념해야 한다는 의미는 아니다. 진화론은 또한 진화가 어딘가로 향하고 있다는 인식, 즉 궤도를 가지고 있다는 인식에 기초한다. 우리는 진화를 통해 작은 개체들이 이 땅에서 어떻게 반복적으로 결합하여 점점 더 큰 규모의 유기체가 되었는지 알 수 있다. 단순한 세포 구조가 점점 더 복잡한 구조로 진화했다. 이 세포들의 집합체는 다세포 유기체를 형성했고 이러한 유기체들은 상호 연결된 독립체가 되었다. 유사한 과정은 가족 공동체에서 무리, 부족, 농업 공동체 및 도시 국가, 국가, 초국가적 구조 등으로 발전하는 인류의 진화에서도 볼 수 있다.

그러므로 사회적 행동이 진화의 영향을 받았을 수 있다는 점을 상기하면서 좀 더 사회생물학적 관점에서 보면 우리도 무리를 이루는 동물이다. 우리는 생존을 위해 고도로 조직화된 조직을 이루는 방법을 학습해왔다.[7] 그리고 진화론적 관점에서 보면, 우리는 또한 사회적 신호를 포착하고 주변 사람들에게 맞추어 우리의 행동을 조정하고 조율할 수 있도록 설계되어 있다. 이것은 수많은 사람이 동시에 같은 방식으로 행동하는 이유를 설명해준다. 집단 행동은 음식, 피난처, 이성을 찾는 것과 같이 동물의 왕국에서 발견되는 것과 유사한 현실적인 행동들을 의미할 수 있다. 그렇지만 우리는 인류에게서 시위, 폭동, 파업, 스포츠 활동, 종교 모임, 폭도, 폭력 그리고 소셜미디어 콘텐츠가 퍼지는 방식 등을 통해 보이는 다른 종류의 집단 행동도 찾을 수 있다.

이 진화적인 집단 행동은 왜 우리가 다른 사람들과 유대감을 갖고자 하는 강한 욕구가 있는지 설명할 수도 있다. 다시 말해, 그것은 우리의 애착 욕구의 중요성을 보여준다.[8] 호모 사피엔스가 무엇보다도 사회적 동물이라는 사실을 다시 한번 강조하는 것이다. 우리는 다른 사람들과 연결되고, 공동체의 일부가 되고, 우리가 소속되어 있고, 우리를 걱정해주는 사람들이 있다는 것을 느끼고 싶은 깊은 욕구가 있다. 따라서 다시 한번 진

---

7) Edward Wilson (1975), Sociobiology: The New Synthesis. Cambridge: Harvard University Press. 『사회생물학』 이병훈. 민음사
8) John Bowlby (1988). A Secure Base: Parent-Child Attachment and Healthy Human Development. New York: Basic Books. 『존 볼비의 안전기지』 김수임 옮김. 학지사

화론적 관점에서 보면, 의미는 번식으로 귀결될 수 있을 뿐만 아니라 타인과의 관계를 맺고자 하는, 즉 속하고자 하는 강한 욕구에서 비롯되는 것으로 볼 수 있다.[9] 그리고 사회적 동물로서 생존의 기본 필요를 넘어서서 사람들 사이의 상호작용과 연결을 가능케 하는 체계적인 구조가 있다.

간단히 말해, 진화론적 생물학자들이 의미라는 수수께끼 같은 난제에 대한 답을 가지고 있는가? 삶은 단지 우리의 기본적인 욕구를 충족시키는 것인가? 가장 기본적인 욕구를 충족시키는 것이 일시적인 만족감을 줄 수는 있지만 그것이 의미를 부여하는가? 그것은 죽음에 대한 불안을 극복하는 데 도움이 되는가? 내 생각에는 인간의 삶에는 번식 이상의 무엇인가가 있어야 한다. 정신분석가 칼 융Carl Jung의 말에 나는 공감한다. "만약 장수하는 것이 인간에게 의미가 없다면, 우리는 분명 70이나 80세까지 살지 않을 것이다. 우리 인생의 후반기 또한 그 자체로 의미가 있어야 하며 단지 전반기의 초라한 부속물이 될 수는 없다."[10] 융은 이 말이 우리 종의 연속성을 위해 소속과 같은 애착 행동의 중요성을 지적한다는 것을 깨닫지 못했을 것이다. 그것은 또한 삶을 진정으로 의미 있게 만드는 것에 관계 구축(공동체 의식 형성)을 포함하게 한다.

---

9) John Bowlby (1969), Attachment and Loss, Vol. 1: Attachment. New York: Basic Books. 『애착: 인간애착행동에 대한 과학적 탐구』 김창대 옮김. 연암서가 참조
10) Carl Jung (1960), Collected Works, Volume 8, The Structure and Dynamics of the Psyche: The Stages of Life, Princeton: Princeton University Press, p. 787.

07
구조하는 심리학자들

우리를 떠나간 사람들은 우리가 그들을 잊을 때까지 결코 우리를 떠나간 것이 아니다.
-조지 엘리엇 George Eliot

그들이 세상에 일으키는 잔물결이 사라질 때까지
누구도 실제로 죽음을 맞이한 것은 아니다.
-테리 프래쳇 Terry Pratchett

심리학은 언제나 행동과 마음의 과학이었다. 이를 염두에 두고 심리학적 개념에서 바라본 의미는 인간 행동을 이해하는 데 언제나 중요한 역할을 해왔다. 심리학자들이 다음과 같은 질문에 몰두하는 것은 당연하다. 나는 누구인가? 왜 나는(그리고 일반적인 사람들은) 내가(그들이) 하는 방식으로 행동하는가? 무엇이 내 행동에 동기를 부여하는가? 이전에 언급한 것처럼, 우리는 모두 삶의 의미에 대한 질문에 저마다 답이 있을 것이다. 그러나 이것은 우리가 존재하는 이유를 이해하지 못한다면, 결코 의미를 찾을 수 없다는 것을 뜻한다. 의미 탐색은 내부로부터의 발견에서 시작해야 한다. 정신분석가의 입장에서 보면, 당신은 원하는 것을 정의하기 전에 당신이 누구이고 무엇이 당신의 원동력인지 밝혀야 한다.

심리학자들은 또한 우리가 삶의 의미를 경험한다면, 즉 우리 존재에 의미를 부여하는 일련의 삶의 목표를 찾을 수 있다면, 이러한 목표를 추구하는 것이 정신적, 육체적 건강에 도움이 될 수 있다고 말한다. 그에 비해 의미의 결여는 수많은 심리적 장애, 심지어 자살 충동과도 관련이 있다. 무의미하다는 느낌 때문에 사람들이 심리치료를 찾게 되는 것은 놀라운 일이 아니다. 우리는 고통, 죄책감, 후회, 분노, 죽음에 대한 두려움의 원인을 찾기 위해 의미를 좇는다.

의미를 찾는 것은 우리가 '누구'인가에 달려 있지만, 우리가 누구인지 알아내기 위해서는 자신으로의 내면 여행이 필요하다. 그것은 우리가 무엇을 지지하는지 발견하고, 무엇이 우리를 이끄는지 탐구하는 것을 의미한다. 그것은 우리의 특별한 재능과 욕구와 관심사를 밝혀내게 한다. 따라서 우리가 무엇인가 의미가 약하거나 무의미해 보인다고 느낄 때, 그것은 흔히 우리가 어떤 일을 하든 우리 내면 깊숙한 곳에서 반향이 일어나지 않기 때문이다. 예를 들어, 우리는 자신이 생각하는 자신의 모습과 맞지 않는 일들에 참여할 수 있다. 따라서 우리의 진정한 본성이나 핵심 본질을 찾고 발견하고 연합하는 것은 우리가 삶의 의미를 찾기 위해 반드시 필요하다. 우리는 자기 성찰 과정에 참여하여 삶의 무의식적 수준에서 따라가고 있는 방식들을 찾아내야 한다.

정신분석학의 창시자인 지그문트 프로이트 Sigmund Freud는 자유의지 대 결정론, 즉 우리가 특정 방식으로 행동하거나 행동하기로 결정할 수 있는 수준, 또는 우리의 행동이 우리의 통제를 넘어선 영향력의 결과인지에 관한 문제로 씨름했다. 프로이트는 우리의 행동과 생각이 원시적이고 무의식적인 본능적 충동과 어린 시절의 중요한 사건들에 의해 내면으로부터 통제된다고 주장했다는 점에서 결정론을 지지하는 것처럼 보였다. 그의 제안은 심적 결정론psychic determinism으로 알려졌다. 그러나 그는 또한 우리가 합리적인 결정과 판단을 내릴 수 있다고 믿었다. 결국, 정신분석의 목표는 언제나 환자가 삶을 더 잘 통제하기 위해 무의식의 힘을 극복할 수 있도록 하는 것이었다. 결정론적인 관점은 전적으로 가능성을 부정하는 것이다. 프로이트는 사람이 변화할 수 있다는 믿음 없이는 정신분석이나 심리치료가 의미 없다는 사실을 받아들여야만 했다.

프로이트는 또한 두 가지 주요 힘이 우리의 정신적 삶을 지배한다고 말했다. 첫 번째로 그는 우리의 성적 본능, 살고자 하는 충동, 기타 기본적인 본능적 충동을 포함하는 생의 본능을 에로스라고 불렀다. 두 번째로 그에 상응하는 죽음의 본능, 즉 삶의 파괴나 해체에 대한 충동은 타나토스thanatos라고 불렀다. 프로이트에 따르면, 우리는 모두 타나토스 또는 죽음의 본능에 사로잡혀 있다. 다시 말해, 삶의 목표가 죽음이라는 것이다. 그러나 이 두 가지 근본적인 본능, 즉 에로스와 타나토스는 우리가 태어난 순간부터 우리를 구성하는 일부가 된다.[1]

프로이트와 같은 시대 사람인 칼 융은 의미를 경험의 충만함을 위한 핵

---

1) Sigmund Freud (1920). Beyond the pleasure principle. In J. Strachey, ed. & trans., The Standard Edition of the Complete Psychological Works of Sigmund Freud, Vol. 18. London: Hogarth Press, pp. 3-64 『쾌락원리를 너머』 김인순 옮김. 부북스; Sigmund Freud (1930). In J. Strachey, ed. & trans., The Standard Edition of the Complete Psychological Works of Sigmund Freud, Vol. 25. London: Hogarth Press, pp. 59-146. 『문명 속의 불만』 김석희 옮김. 열린책들

심적이고 필수적인 것으로 간주했다. 융에 따르면, 무無라는 관념은 인간이 받아들일 수 없는 것이기 때문에 우리는 의미를 추구하지 않을 수 없다. 우리는 모두 우리 삶을 결정하는 전반적인 방식을 발견하기 원한다. 우리는 항상 이해와 설명을 구하고 있다. 호모 사피엔스는 동물적 존재 상태를 초월할 수밖에 없다. 융은 심지어 의미를 찾고자 하는 우리의 끊임없는 갈망이 전형적인 탐구 행위라고까지 설명했다. "몸이 음식, 아무 음식이 아니라 몸에 맞는 음식만을 필요로 하듯이 정신은 그 존재의 의미를 알아야 한다. 단지 어떤 의미가 아니라 본성을 반영하고 무의식에서 비롯된 그런 이미지와 생각의 의미를 알 필요가 있다."[2] 융은 또한 "정신 신경증은 궁극적으로 존재의 의미를 찾지 못한 영혼의 고통으로 이해되어야 한다."라고 지적했다.[3] 더 나아가 그는 많은 사람이 의미를 찾는 데 실패한 것 때문에 고통받고 있는데 이는 특징적으로 병리적 권태감이나 우울증으로 나타난다고 말했다.

분석적 전통을 이은 또 다른 심리학자 알프레드 아들러Alfred Adler도 인간의 의미 탐구에 몰두했다. 아들러에게 삶의 의미는 사회적 관심, 또는 그가 명명한 대로 연대감Gemeinschaftsgefuhl이다. 우리는 모두 무엇인가 성취하기 위해 움직인다. 우리는 모두의 이익을 위해 무엇인가를 만들어내고자 한다. 그러므로 개인의 창의적이고 유용한 성취를 제외하면 삶의 의미는 어디에서도 찾아볼 수 없다. 아들러는 "우리는 우리의 경험에 의해서 결정되는 것이 아니라 우리가 부여한 의미에 의해 스스로 결정된다. 우리가 특정한 경험만을 미래 삶의 기초로 삼으면, 우리는 다소 잘못된 방향을

---

2) Carl Jung (1967). Collected Works, Volume 13. Princeton: Princeton University Press. P. 476.
3) Carl Jung (1956), Psychotherapists or the clergy, Pastoral Psychology, 7 (3), 27-41.

따르게 될 것이 거의 확실하다. 의미는 상황에 의해 결정되지 않는다. 우리는 상황에 부여하는 의미에 따라 스스로를 결정한다."라고 말했다.[4] 순수한 이기적인 관심을 초월하는 것이 그의 핵심 논조이다.

의미에 대한 우리의 태도는 인생을 살아감에 따라 바뀔 것이다. 우리가 인생의 어느 지점에 있는가에 따라 우리의 인생관도 달라질 수 있다. 에릭 에릭슨Erik Erikson은 개인의 전 생애에 걸쳐 인간 발달(의미 만들기 포함)을 관찰한 몇 안 되는 심리학자 가운데 한 명이다.[5] 그는 우리가 일생을 통해 성장하고 변화함에 따라 8가지 뚜렷한 발달 단계를 거친다고 제시했다. 에릭슨에 따르면, 심리사회학적 발달의 각 단계에서 우리는 발달의 전환점 역할을 하는 위기에 직면한다. 각 위기를 성공적으로 해결하는 것은 우리의 전반적인 심리적 건강에 기여할 것이다. 절망에 반하여 자아 통합이 이루어지는 여덟 번째 단계에서의 핵심 갈등은 우리가 의미 있고 만족스러운 삶을 살아왔는지에 관한 것이다. 이 단계에서 우리는 죽음의 문제를 다루기 시작한다. 여덟 번째 단계는 은퇴, 배우자와의 사별, 친구와 지인의 죽음, 신체 장애 및 기타 삶의 변화와 같은 극적인 삶의 사건들로 인해 시작된다. 그것은 우리가 육체적으로나 정신적으로 점차 붕괴되고 있다는 사실을 직시해야 할 때다.

철학자, 사회심리학자, 정신분석가인 에리히 프롬Erich Fromm도 정신분석적 견해와 선불교 개념의 영향으로 인생에서 의미의 중요성을 강조했다. 그 이전의 다른 많은 실존 철학자와 마찬가지로 그는 우리가 스스로 부여

---

4) Alfred Adler (1932/2009). What Life Could Mean to You: The Psychology of Personal Development. New York: Oneworld Publications; http://pws.cablespeed.com/~htstein/tp-7b.htm.
5) Erik Erikson (1950). Childhood and Society. New York: Basic Books

하는 것 외에는 삶에 의미가 없다고 주장했다. 훌륭한 삶을 산다는 것은 온전한 사람으로서 역할을 해내는 방법에 관한 것이다. 프롬에 따르면 호모 사피엔스의 과제는 자기애적 이기심과 자기 중심주의를 넘어섬으로써 심리적, 정신적 행복을 찾는 것이다. 그러나 오늘날의 세상에서 이것은 쉽지 않다. 물질주의의 부상으로 사람들은 '존재'보다 소유에 초점을 맞추는 경향을 보여준다. 프롬은 그의 저서 『존재의 기술The Art of Being』에서 다음과 같이 기술했다. "삶의 목표는 실존적 상황에 따라 최적으로 성장하여 온전히 자신의 잠재력에 맞는 상태가 되는 것이다. 다시 말해, 이성을 통해 우리가 인간 본성을 이해할 수 있다는 점을 고려하여 이성이나 경험이 우리를 행복으로 이끄는 규범이 무엇인지 파악하게 하는 것이다."[6] 따라서 의미 찾기를 통한 행복은 자기애적 환상을 극복하는 정도까지만 달성할 수 있다. 그것은 우리가 개방적이고 반응적이며 민감한 정도이며 분리와 소외를 극복하는 수준을 말한다. 프롬은 대다수 사람이 독립적인 인간으로 존재하기 위해 필요한 성숙에 아직 이르지 못했다고 덧붙였다. 프롬에게 이 통찰은 자신을 책임져야 한다는 사실을 견디기 위해 우리에게 왜 신화와 우상이 필요한지를 설명해준다. 그것은 우리 스스로 인생을 통해 하는 일 말고는 우리 삶에 의미를 부여하는 권한은 없다는 것을 시사한다. 그것은 또한 우리가 온갖 독재자들에게 우리의 자유의지를 온전히 내주거나, 잘 먹고 잘 입고 있지만 로봇처럼 행동하면서 기계의 작은 톱니바퀴로 자신을 맞추어 자유의지를 잃어버리는 경향을 보이는 이유이기도 하다.

---

6) Erich Fromm (1994), The Art of Being. London: Bloomsbury Academic. 『존재의 기술』 최승자 옮김. 까치

빅터 프랭클Victor Frankl은 의미에 대한 연구의 개척자로 가장 널리 알려진 심리학자이다.[7] 프랭클은 의미에 대한 탐구가 인간의 주요한 내재적 동기라고 주장함으로써 프로이트의 명제에 도전하면서, 인간은 본능적 충동에 의해 움직이는 기계적인 존재 이상임을 제시했다. 프랭클은 2차 세계 대전 중 나치 강제 수용소에서 겪은 끔찍한 개인적 경험을 바탕으로 의미론logotherapy이라는 더 낙관적인 심리학적 요법을 개발했는데 이는 인간이 삶의 의미와 목적을 찾기 위해 살아간다는 전제에 기초한 치료의 한 형태이다. 우리의 과거와 무의식적인 욕망에 대한 탐구를 강조한 프로이트의 '심층 심리학'과는 대조적으로, 프랭클은 우리의 미래와 원하는 미래를 달성하기 위한 의식적 행동에 더 중점을 둔 일종의 '고층 심리학height psychology'을 시행했다. 그는 하고 싶은 것과 되고 싶은 것을 실현하는 건 우리 각자에게 달려 있다고 말했다.

프랭클은 생존자로 살아남는 경험을 통해 목적 의식이 있는 동료 수감자들이 그들이 당하는 고문, 강제 노동, 굶주림에 더 잘 견딘다는 것을 알게 되었다. 그는 수용소에서 살아남은 자와 살아남지 못한 자의 가장 큰 차이는 강제 노동을 얼마나 많이 했는지, 얼마나 적게 먹어야 했는지 또는 얼마나 가혹한 외부 환경에 노출되었는지가 아니라는 것을 관찰했다. 오히려 그런 상황에서도 어떤 의미나 목적을 찾은 사람들이 살아남는 확률이 더 높았다. 그에 비해 의미를 잃은 수감자들 거의 대부분은 죽음을 맞이했다. 이로 인해 프랭클은 사람들이 인류에게 알려진 최악의 조건에

---

7) Victor Frankl (1955), The Doctor and the Soul, New York: Knopf; Victor Frankl (1959). Man's Search for Meaning. New York: 랜덤 하우스; Victor Frankl (1967). Psychotherapy and Existentialism. New York: Simon & Schuster. 『죽음의 수용소에서』 이시형 옮김. 청아 출판사

서도 의미를 찾을 수 있다는 생각을 지지하게 되었다.

훗날 자신의 끔찍한 경험을 기록하면서 그는 프리드리히 니체의 인용문에서 이러한 회복력에 관한 설명을 일부 발견했다. "살아야 할 '이유'가 있는 사람들은 거의 모든 '상황'을 견딜 수 있다. 그는 비록 피골이 상접하여 살아있는 해골 같았지만, 나치는 그에게서 한 가지, 즉 자신의 태도를 선택할 자유를 빼앗을 수 없다는 것을 깨달았다. 그는 "인생의 의미는 사람마다, 날과 시간에 따라 다르다. 그러므로 중요한 것은 일반적인 삶의 의미가 아니라 저마다 인생의 그 시점에서 발견하는 구체적인 의미이다."[8] 의미에 대한 강한 의식은 인간이 가장 잘 발달하기 위해 필수적이라고 그는 주장했다. 오직 의미를 통해서만 우리는 우리 존재를 이해할 수 있다. 그리고 우리는 삶에서 삶을 가치 있게 만드는 목적을 통해 의미를 찾는다.

심리학의 다른 주요 학파들, 특히 인본주의적, 긍정적, 실존적 학파들도 의미라는 주제를 논의한다. 인본주의적이고 긍정적인 심리학자들은 인간의 더 밝은 면을 강조하면서 인간의 강점에 더 초점을 맞추는 경향이 있다. 반면, 실존심리학은 전통적으로 선택, 죄책감, 후회, 의심, 고난 및 죽음과 같은 인간 존재의 더 불안한 측면을 다룬다.

인간에게 자유의지가 있다는 것은 인본주의 심리학자들의 주요 가정이다. 자유의지를 논할 때, 그들은 우리가 인생에서 하는 선택, 우리가 선택한 경로와 그 결과를 언급한다. 예를 들어, 에이브러햄 매슬로 Abraham Maslow 와 칼 로저스 Carl Rogers 같은 인본주의 심리학자들은 우리에게는 자유가 있지만 우리가 완전히 기능하는 인간이 되기를 원한다면, 그것이 꼭 필요하

---

8) Victor Frankl (1959). Man's Search for Meaning, p. 99

다고 말한다. 매슬로우는 의미가 자아실현이나 우리의 잠재력을 최대한 발휘하는 데서 비롯된다고 생각했다. 로저스는 모든 사람이 삶의 목표, 소망, 욕망을 달성한다면 그들에게는 자아를 실현할 가능성이 있다고 믿었다. 두 심리학자는 자아실현을 인간만이 가지는 욕구이자 다른 모든 종과 구별 짓는 동기부여의 한 형태로 보았다.

마찬가지로, 긍정심리학 옹호자들은 의미 탐구를 인간의 기능, 노력, 성공을 위한 중요한 자원으로 간주한다.[9] 이 학파는 성격 강점, 낙관주의, 삶의 만족도, 행복, 웰빙, 감성 지능, 마음챙김, 몰입, 연민(자기 연민뿐만 아니라), 감사, 자존감, 자신감, 희망, 낙관주의, 지혜, 긍정적인 관계와 같은 주제에 관해 이야기한다. 긍정심리학자들은 우리가 의미와 목적이 있는 삶을 살 수 있도록 하는 행동 유형, 즉 생존을 넘어 성공을 향해 나아가는 데 초점을 맞춘다.

긍정심리학은 또한 좀 더 전통적인 심리학파와 방향이 약간 다르다. 인간의 결점을 강조하기보다는 인간의 잠재력에 중점을 둔다. 이것이 바로 이 심리학 분야가 스트레스, 외상 및 기능 장애보다는 행복, 번영하는 삶 및 웰빙에 대한 과학적 연구에 중점을 두는 이유이다. 모든 것을 고려할 때, 긍정심리학자들은 삶을 살 만한 가치가 있도록 만들어 주는 것에 초점을 맞추는 경향이 있다. 그러나 이러한 방향을 비평하는 사람들은 긍정심리학자들의 지향점이 삶에 대해 지나치게 낙관적이라고 지적해왔다. 삶은 내가 여러 번 언급한 것처럼 결코 정원 속 아름다운 장미 같지만은 않다.

---

9) Martin Seligman (2002). Authentic Happiness: Using the New Positive Psychology to Realize your Potential for Lasting Fulfilment. New York: The Free Press. 『마틴 셀리그만의 긍정심리학』 김이나, 우문식 옮김. 물푸레

그러므로 우리는 긍정심리학이 인간의 강점과 긍정적인 감정에 초점을 맞추고 인간 기능human functioning의 '더 밝은' 면을 강조하는 경향이 있는 반면, 빅터 프랭클Victor Frankl, 로널드 랭Ronand Laing, 어빈 얄롬Irvin Yalom과 같은 실존 지향적 심리학자들의 경우 인간 존재의 '더 어두운' 또는 더 불안정한 측면을 강조하고 있음을 볼 수 있다.[10] 그런 점에서 실존적 심리학적 접근은 확고한 철학적 기반을 가지고 있다. 그것은 특히 칼 야스퍼스Karl Jaspers와 마틴 하이데거Martin Heidegger의 철학적 업적과 인류가 처한 곤경, 역설 및 갈등을 더 잘 이해하기 위해 정신의학에서 철학으로 전환한 두 정신과 의사인 루트비히 빈스방거Ludwig Binswanger와 메다드 보스Medard Boss의 연구에 영향을 받았다.

대체로 실존주의 심리학은 이 세상에서 인간의 처지를 이해하고 산다는 것의 의미가 무엇인지 밝히는 것과 관련 있다. 그리고 답을 찾는 과정에서 실존주의 철학자들은 자유와 책임 사이의 피할 수 없는 긴장을 고려하면서, 정서적 고통을 다루는 방법을 찾고 고객의 자기 인식 능력을 향상시킨다. 실존주의 심리학자들은 또한 사람들이 의미 있는 관계를 구축하도록 지원하면서 그들이 존재 의미를 찾는 데 도움이 되도록 노력한다. 그들은 불안이 인간이 처한 상황의 일부라는 것을 받아들여야 한다고 제안한다. 그들은 사람들이 죽음과 비존재Non-being에 대한 생각에 대처하는 데 도움을 준다. 답을 찾는 과정에서 그들은 삶의 의미, 목적, 가치를 강조한다. 실존적 지향은 고객이 의식적인 선택을 할 수 있는 능력을 향상하고 잠재력을 최대한 발휘할 수 있도록 자유의지와 자기 결정을 강조한다.

---

10) Irvin Yalom (1980). Existential Psychotherapy. New York: Basic Books. 『실존주의 심리치료』 임경수 올김. 학지사

이러한 모든 심리적 지향점들은 인간 존재의 한 측면을 강조하고 다른 측면은 무시하는 경향이 있다. 그러나 인본주의, 긍정 그리고 실존적 심리학의 서로 다른, 그리고 상당히 독립적인 접근 방식이지만 의미와 그에 대한 인식을 인간의 노력과 대처 및 이 세상에서의 우리 처지에 대한 이해와 관련 있는 핵심적 심리학 (또한 철학적) 요소로 여긴다. 이러한 다양한 학파들의 사상을 옹호하는 사람들은 우리가 스스로 설계하지 않는 한 인생은 의미가 없다는 점을 분명히 한다. 그리고 그들은 의미를 탐구하는 것이 죽음이라는 은밀한 동기부여 요인을 다루는 가장 효과적인 방법이라고 생각한다.

나는 약속 날짜 전날 자신이 꾼 꿈에 대해 나누어 준 고객(그녀를 리사라고 칭하겠다)을 기억한다. 그녀는 하지축제midsummer에 메이폴maypole 주위에서 한 무리의 사람들이 스웨덴 전통 노래인 '스모 그루도나Sma grodorna'를 부르며 춤추는 것을 보고 있는 꿈을 꾸었다. 모두 즐기는 것 같았다. 리사는 그 꿈이 그녀가 한 때 스웨덴에서 보낸 여름과 그곳에서 보낸 좋은 시간을 떠올리게 했다고 말했다. 그녀는 몇 년 전 자신이 실제로 하지축제 밤에 겪은 경험이 성적으로 상당히 비난받았다고 덧붙였다. 그러나 꿈에서 그녀는 그저 무슨 일이 벌어지고 있는지 지켜보는 것일 뿐 그녀를 위한 즐거운 분위기는 없었다. 그리고 그녀를 둘러싼 풍경이 갑자기 바뀌었다. 그녀는 데스 밸리Death Valley를 떠올리게 하는 텅 빈 사막 같은 풍경 한가운데 있는 자신을 발견했다. 길을 잃고 홀로 있는 자신을 발견하자 그녀의 심장은 빠르게 뛰기 시작했다. 그리고 그녀는 당황하기 시작했다. 그녀가 무엇을 할 수 있었을까? 그녀를 도와줄 사람이 있었을까? 누군가 그녀에게 갈 길을 보여줄 수 있었을까?

내가 리사에게 꿈을 통해 연상되는 것을 물어보았을 때, 그녀가 느꼈던 주된 감정은 길을 잃은 느낌에 대한 강렬한 불안이었다. 그녀는 전형적인 남근의 상징인 메이폴을 성적인 형상화와 연관시켰지만 아이를 갖지 않은 후회와도 관련 지었다. 그녀가 참여하지 않은 춤과 노래는 그녀가 실패한 모든 관계를 생각하게 했다. 그녀는 소속감이 그리웠다. 그리고 의미 있는 관계가 없다는 것은 그녀가 무엇인가 놓치고 있다는 느낌을 갖게 했다. 사막 같은 풍경은 그녀에게 그녀 직장 환경의 무미건조함을 상기시켰다. 그녀는 자신이 근무하는 회사의 활동이 의미 있는 일인지 걱정된다고 말했다. 그녀는 데스 밸리 한가운데서 길을 잃은 자신을 발견했다는 것을 '별로 좋지 않은 소식'으로 여겼다. 그녀는 그것을 자신의 현재 상황에 대한 경고 신호로 해석했다. 전체적으로 그 꿈은 그녀가 처음에 나를 만나러 온 주된 이유, 즉 그녀 경력의 경로에 대한 염려를 키우는 것처럼 보였다. 사막의 풍경처럼, 그녀의 일은 점점 더 황량해 보였다. 그러나 그녀의 사생활도 마찬가지였다.

대부분 꿈과 마찬가지로 이 꿈에도 많은 해석이 있지만, 리사의 역할에 명확한 목적이 없음을 고려해보면 한 가지 중요한 것은 일하다가 죽는 것에 대한 그녀의 걱정으로 보였다. 그것은 적어도 그녀에게는 의미가 없었다. 그리고 그 상황이 유지되면서 그녀는 사회적으로 단절된 느낌을 받았고, 성적으로 그녀의 삶은 완전히 메말랐다.

그러나 가장 중요한 것은 리사가 자신의 꿈을 그녀의 상황에 대해 무엇인가를 하라는 경고 신호로 보았다는 것이다. 그녀는 지금이 그녀의 삶에서 의미를 만들어야 할 적기라는 것을 깨달았다. 그녀는 그 의미를 현재의 직업에서는 찾지 않을 계획이었다. 왜냐하면 그 일을 위해 그녀는 사생활을 완전히 무시해왔기 때문이다. 그런 점에서 그녀의 꿈은 일종의 전환점이었고, 그녀의 인생에서 모든 것을 분명하게 한 갑작스러운 통찰의 순간이었다. 그 꿈으로 인해 그녀는 자기 삶의 주도권을 되찾기로 결심했다. 그녀는 더 많은 목적을 가지고 일을 찾기 시작할 것이다. 즉 그녀는 관계 구축에 더 많은 관심을 기울일 것이다. 그녀는 내가 자주 말했던 통찰, 즉 인생은 연습이 아니라는 말이 진실임을 깨달았다고 말하면서 이야기를 마무리 지었다.

08
행복과 의미

어느 누구도 죽을 때까지 행복하지 않다.
– 아이스킬로스 Aesychlus

죽음을 구하지 마라. 죽음이 당신을 찾을 것이다.
그러나 죽음으로써 다 이룰 수 있는 길을 찾으라.
– 다그 함마르셸드 Dag Hammarskjold

우리가 이 땅에서 의미를 찾을 수 있는 시간은 제한되어 있으므로 행복이라는 개념을 정면으로 다루지 않을 수 없다. 우리 삶을 살아갈 가치가 있게 만드는 것은 무엇인가? 행복으로 가득 찬 삶인가? 의미로 가득 찬 삶인가? 아니면 두 가지 다 있어야 하는가? 많은 사람은 행복이 의미를 보여준다고 생각한다. 그리고 행복을 경험하는 것과 의미를 찾는 것 사이에 상당히 중복되는 영역이 있어 보이는 것은 분명한 사실이다. 행복하다고 말하는 대부분 사람은 의미에 대해서도 이야기한다. 사람들이 행복하다고 느낄 때 의미 또한 경험한다. 그러나 의미 있는 삶과 행복한 삶이 밀접히 관련되어 있더라도 항상 그런 것은 아니다. 그렇다고 둘 사이의 관계가 가벼운 것도 아니다. 거기에는 중요한 차이점이 있을 수 있다. 때때로 행복과 의미는 자주 분리된다. 절벽에 매달린 채 딸기를 따기 위해 손을 뻗은 사람을 기억해보라.

그러나 우리 대부분에게 단지 행복한 것으로 충분한가를 묻는 것은 합리적인 질문이 될 수 있다. 우리 가운데 많은 이가 즉각적인 만족 이상의 것, 즉 단순히 행복해지는 것 이상을 원하는 것은 당연할 수 있다. 경험상 행복은 너무나 순식간에 지나가버린다. 실제로 많은 경우 우리가 행복을 찾았다고 생각하는 순간, 그것은 사라져버리고 만다. 항상 행복하다고 느끼는 것은 이상하지 않은가? 행복은 사실 일종의 일탈이 아닌가? 우리가 끊임없이 행복하다면 행복을 경험한다는 건 무의미해지지 않겠는가?

아마도 그 대신 우리는 무엇이 행복에 도움이 되고 무엇이 의미를 갖게 하는지 자신에게 물어야 할 것이다. 일반적으로 건강, 부, 삶의 안락함은 모두 행복과 관련이 있는 것처럼 보이지만 반드시 의미와 관련된 것은 아니다. 예를 들어, 건강함을 행복과 연결 지을 수는 있지만 의미와는 반드시 그런 것은 아니다. 우리가 아플 수도 있지만 그렇다고 의미를 경험하지 못하는 것도 아니다. 돈이 없어 행복하지 않을 수 있지만 의미까지 없어지는 것은 아니다. 다시 말해서 인생이 쉽거나 어려운 것은 우리의 행복에 영향을 미칠 수 있지만 우리가 의미를 경험하는 데 반드시 영향을 미치는 것은 아니다. 건강, 부, 안락함이 행복에 기여할 수 있다는 점은 의심의 여지가 없지만, 의미가 이것들과 필연적으로 관련이 있지 않다는 것은 분명하다.

우리는 아주 오랫동안 행복과 의미를 구별하려고 노력해왔다. 나는 6장에서 이 특별한 난제에 대해 집중했던 아리스토텔레스의 사례를 언급했다. 아리스토텔레스는 오늘날 행동 과학자들이 행복이라고 부르는 고대 그리스어인 헤도니아hedonia와 인간의 성공 또는 의미 있는 삶으로 번역될 수 있는 에우다이모니아eudaimonia를 구분했다. 아리스토텔레스에게 행복한 삶이란 쾌락과 즐거움을 추구하는 것으로 정의되었지만 의미 있는 삶은 훨씬 더 지속적인 경험과 연관이 있었다. 더 정확하게 말하면, 신경학적 관점에서 쾌락적 행복 또는 웰빙은 고통보다 더 많은 즐거움을 경험하는 것으로 개념화할 수 있다. 신경과 전문의들은 행복을 일시적인 감정 상태 또는 뇌의 쾌락 중추에서 일어나는 증폭된 활동과 동일시하는 것 같다. 이와 대조적으로, 에우다이모니아 경험은 우리 삶의 목적을 추구하고 달성하는 것을 의미한다. 그것은 인생 여정에서 만나는 도전에 대처하거나 우리가 공동체의 일부라고 느끼는 것 그리고 개인적인 성장 경험에 관한 인식을 말한다. 따라서 의미는 우리의 완전한 잠재력에 도달하는 것을 바탕으로 생기는 매우 특별한 종류의 '기분 좋은 느낌'이 된다. 즉 우리가 무엇을 하기로 선택하든 거기서 성취를 이루고 있다는 것을 뜻한다.

이러한 차이점을 고려할 때, 우리가 인생에서 무엇을 하고자 하는가가 문제가 된다. 그것은 쾌락주의자들이 생각하는 것처럼 좋은 기분을 느끼는 것인가? 아니면 아리스토텔레스와 그의 지적인 후계자들인 도덕 윤리학자들이 생각하는 것처럼 선한 행동을 하고 선한 상태가 되는 것인가? 아니면 두 가지 모두를 얻기 위해 노력하는 것이 가장 좋은가?

내 관찰에 따르면, 많은 사람에게 단지 행복을 추구하는 것은 충분하지 않다. 이것은 우리가 미래를 추정할 수 있는 두뇌를 물려받았기 때문이다. 이러한 맥락에서 우리는 행복을 지금 여기에서 경험하는 감정으로 분류할 수 있다. 이러한 일시적인 경험은 사라져 버린다. 이와 대조적으로 의미가 있는 삶은 훨씬 더 광범위하다. 그것은 우리의 과거, 현재, 미래 그리고 이러한 순간적인 상태 사이의 상호 관계와 관련이 있다. 그것은 의미에 대한 경험을 훨씬 더 탄탄하고 훨씬 덜 일시적으로 만든다. 행복은 목적을 위한 수단으로 볼 수 있지만, 의미는 그 자체로 목적이 된다. 의미는 축적되지만, 행복은 사라진다. 의미는 자아를 초월할 뿐만 아니라 현재의 순간도 초월한다.

의미에는 우리 자신보다 더 큰 무엇인가에 기여한다는 느낌이 포함된다. 수많은 철학자와 심리학자에 따르면, 그것은 우리 삶과 공동체의 더 큰 맥락 속에서 찾아지는 것이다. 그러나 동시에 의미는 또한 매우 개인적인 경험이기도 하다. 왜냐하면 그것은 어떤 종류의 활동에 대해 우리의 믿음과 가치 체계와 반향하는지, 즉 우리가 진정성을 느낄 수 있는 경험을 찾도록 요구하기 때문이다. 그리고 내가 앞에서 제안한 것처럼, 통합을 이루려면 진정한 나로의 개인적인 여정이 필요할 것이다. 우리가 좋아하는 것, 싫어하는 것, 바라는 것, 혐오하는 것, 강점, 약점을 발견하는 것처럼 자신에 대한 이해가 필수적이다. 이러한 요구 사항을 고려할 때, 성찰적 사고는 의미와 호혜적 관계에 있지만 반드시 행복과 연관된 것은 아니다. 즉각적인 행복을 추구하는 데에는 깊은 내면의 여정이 필요하지 않다. 그러나 의미를 추구하기 위해서는 필요하다. 언젠가 고객 가운데 한 명이 나에게 이렇게 말했다. "내 인생은 행복을 찾는 데 있지 않다. 행복한 순간은 좋지만 충분하지 않다. 나는 무엇을 하든 의미를 찾아야 하며 그것이 내가 정말로 살아있다고 느끼는 유일한 방법이다. 내가 살아가는 동안 처리해야 했던 많은 어려움을 견딜 수 있게 만들어준 건 바로 의미이다." 수년에 걸쳐 수많은 고객과의 상호작용을 통해 우리의 활동이 우리 가치와 신념과 일치한다고 느낄수록 의미를 더 많이 경험한다는 것을 알게 되었다.

그런데도 대체로 행복과 의미는 서로를 강화한다. 많은 사람에게 의미와 행복감은 겹치는 경향이 있다. 물론 다른 사람들에게는 불협화음이 있을 수 있다. 행복은 낮지만 의미는 높을 수 있다. 일반적으로 우리가 삶에서 더 많은 의미를 찾을수록 더 행복하게 느끼고 심지어 더 큰 의미를 추구하도록 동기가 부여된다.

나는 아직 삶의 의미를 찾지 못한 사람들에게 행복이 위안이 될 것이라고 생각한다. 물론 어떤 사람들은 위안을 받는 것만으로도 충분하다고 할지 모른다. 당장에 필요한 것을 충족시키는 것이 뭐가 그리 나쁘겠는가? 우리가 원하는 것을 얻고 그것에 대해 기뻐하는 것이 뭐 그리 나쁘겠는가?

주위를 둘러보면 많은 사람에겐 성과 물질적 즐거움이 그들이 살아가는 이유인 것 같다는 것을 알 수 있다. 이 둘의 또 다른 점은 행복은 우리가 원하는 것을 얻는 것이지만 의미는 개인의 정체성 개발, 우리의 존재 목적 파악, 목적 찾기 및 의식적으로 과거, 현재, 미래의 경험을 통합하는 자아실현과 같은 인류 고유의 장기적인 활동과 관련 있다는 것이다.

개인적인 경험을 이야기하면, 나는 은퇴자들을 위한 동네로 인식되어 온 지역인 프랑스 남부에 농가를 갖고 있다. 이 나라의 가장 아름다운 지역에서 나는 세상에서 가장 불행한 사람들을 발견했다. 당연히 그들은 풍족하다. 그들은 여유로운 삶을 살 수 있는 물질적 부를 가지고 있다. 그들은 멋진 별장, 좋은 차, 심지어 요트도 있다. 그들은 자신들을 정성껏 관리하는 법을 알고 있다. 그들은 몸매를 유지하기 위해 개인 트레이너를 두고 있다. 일주일에 여러 번 골프를 치고, 자신들의 수영장에도 자주 드나든다. 그들은 매일 밤 파티에 갈 수 있다. 때때로 너무 많이 마시거나 기분 전환용 약물을 복용하거나 성적인 모험도 한다(나는 이것이 얼마나 비판적으로 들리는지 알고 있다). 그러나 (또 다시 비판적으로 바라보자면) 그들의 대부분 시간은 공허하고 무의미한 활동에 소비된다. 그들은 또한 매우 이기적일 수 있다. 내가 아는 한 그들은 자신들의 이익을 챙기는 데, 즉 삶에서 가능한 많은 것을 취하는 방법을 알고 있다. 다시 한번 내 편견을 적용해보면, 나는 그들이 순간의 만족을 추구하면서 자신들의 삶의 의미에 대해 깊이 고심한다고 생각하지 않는다. 사실, 나는 이 휴먼 코미디를 본 다른 관찰자들이 그들의 행동이 우리의 가까운 사촌인 침팬지와 매우 흡사하다고 말하는 것을 우연히 들었다. 침팬지도 먹고, 꾸미고, 섹스를 한다. 어떤 철학자는 그것이 삶의 전부인지에 대해 의문을 제기하고 의미를 부여하면 삶이 더욱 풍요로워질 것이라고 주장한다. 그렇지만 그것이 사실인지 확신할 수는 없다. 그들이 행동하는 방식은 내면의 악마를 다루는 그들의 방식일 수 있다. 그들 가운데 많은 사람이 그들 자신의 '유통기한'에 가까워지고 있기 때문에, 그것이 죽음에 대한 불안을 막는 그들의 방법이 될 수 있다. 'chacun a son gout(각자 자신의 취향에 따라)'라는 속담도 있지 않은가.

이러한 성찰은 나에게 부와 권력이 가진 타락시키는 영향력에 대한 이야기, 그리고 우리가 삶의 마지막에 맞닥뜨릴 수 있는 후회에 대한 교훈적인 이야기인 오슨 웰스Orsen Welles의 유명한 영화,「시민 케인Citizen Kane」

을 떠올리게 한다. 찰스 포스터 케인Charles Foster Kane은 자신의 미디어 제국을 통제하는 방식으로 그의 주변 사람들을 통제하려고 한다. 그의 목적은 결국 사람들이 생각하는 방식을 통제하는 것이다. 케인은 세상의 사랑을 원하고 그것을 얻기 위해 극단적인 방법을 사용하지만 베풀어 줄 사랑은 전혀 없는 것 같다. 권력, 부, 물질적 사치, 섹스도 케인을 행복하게 만들지 못한다. 그의 부는 점점 그를 타인으로부터 고립시키고 결국 그는 그의 성, 제너두Xanadu에서 완전히 혼자가 된다. 그의 삶이 끝나갈 즈음, 그의 마지막 행동은 그에게 부와 권력이 생기기 전, 눈 속에서 썰매를 가지고 노는 단지 가난한 소년이었을 때의 기억을 붙드는 것이었다. 그 이야기는 케인이 그의 삶에서 무엇을 다르게 할 수 있었을지에 대해 질문을 던진다. 그는 덜 이기적일 수 있었을까? 그렇다면, 그의 인생은 어떻게 바뀌었을까?

베푸는 사람과 받는 사람

주고받기의 맥락에서, 만약 당신이 의미 있는 삶을 살기 원한다면, 세상이 당신에게 무엇을 줄 수 있는지 묻지 말고 당신이 세상에 줄 수 있는 것을 물어보라는 말이 있다. 당연히 다른 사람에게 베푸는 것은 행복보다는 의미와 관련이 있다. 이와 비교하여, 다른 사람에게서 받는 것은 행복과는 관련 있지만 의미와는 관련 없다. 행복은 이기적인 '나, 나, 나me, me, me' 행동과 연관 있는 반면, 의미는 이타적이고 베푸는 행동과 관련 있는 것 같다. 실제로 이러한 종류의 대인관계에 대해 더 깊이 파고들면, 행복한 사람들은 어렵거나 부담스러운 관계에 얽히는 것을 피하는 경향이 있는 것으로 보인다. 그들은 순간을 더 중요시하기 때문에 자기 중심적이고 다른 사람에 대해서 관심을 덜 갖는다(이 사실은 프랑스 남부에서 내가 겪은 경험을 다시 상기시켜준다). 그들은 대체로 받는 사람들이다. 이와 비교하여 의미를 찾는 사람들은 힘들더라도 다른 사람을 돕는 데 기꺼이 시간을 할애한다. 그들은 대체로 베푸는 사람이다. 사회 지향적이라는 것은 행복과 의미 모두와 관련 있는 것처럼 보이지만, 행복은 사회적 교류를 통해 받는 혜택과 관련 있는 것 같다. 반대로 의미는 우리가 다른 사람들에게 무엇을 줄 준비가 되어 있는가와 더 연관되어 있다. 우리 자신과 우리의 즐거움을 초월하는 행동, 즉 다른 사람을 돕는 도전적이거나 어려운 상황에 참여하는 것을 통해 의미는 커지지만 행복은 그렇지 않다.

노벨 평화상을 받은 테레사 수녀와 알베르트 슈바이처처럼 공익을 위해 일한 유명 인사들은 개인의 행복을 추구하지 않았다. 그들은 더 큰 목적을 추구했다. 그들은 베푸는 사람들이었다. 따라서 자기 표현은 의미를 만드는 데 중요하지만 행복에는 중요하지 않다. 우리는 많은 경우에 행복하지는 않지만 의미 있는 삶이 어려운 일을 수반한다는 것을 반복적으로 목격할 수 있다. 그것은 스트레스, 투쟁 및 도전으로 특징지어지는 삶이다. 우리의 꿈을 추구하는 것은 분명히 매우 험난한 여정일 수 있다. 그러나 의미 있는 삶을 사는 사람들은 순간적으로는 불행할 수 있지만 일반적으로 더 높은 목적과 가치와 맞닿아 있으므로, 결국 의미 있는 삶을 살게 될 것이다. 즉 쉬운 삶은 좀처럼 의미 있지 않고, 의미 있는 삶은 좀처럼 쉽지 않다.

행복 없는 의미

앞서 언급했듯이, 건강한 사람들이 아픈 사람들보다 더 행복하지만, 많은 아픈 사람들의 삶이 의미가 없는 것은 아니다. 의미 있는 삶에는 스트레스와 도전이 수반된다. 동시에 도전은 삶을 더 풍요롭게 만들고, 그것을 극복하는 것은 삶을 의미 있게 만든다. 그러나 의미 있는 삶을 사는 사람들은 개인의 이익을 압도하는 어려운 상황에 직면하여 큰 불행을 겪을 수 있다.

'부모의 역설'은 행복과 의미 사이의 대조를 압축해서 보여준다. 부모는 일반적으로 자녀를 갖는 것이 매우 행복하다고 알려져 있다. 그러나 자녀와 함께 사는 부모는 행복 척도에서 매우 낮은 점수를 받을 가능성이 크다.[1] 아이들, 특히 십대를 키우는 것이 항상 행복을 가져다주는 것은 아니다. 자녀 양육에 포함된 자기 희생은 행복에 가장 많이 영향을 끼치는 바로 그것의 희생으로 이어질 수 있다. 행복이 없는 의미의 또 다른 예는 궁극적으로 자신과 다른 사람들의 삶에 큰 만족과 의미를 가져올 수 있는, 더 큰 목적을 위해 흔히 수년간의 폭력과 불화를 겪는 혁명가들의 삶이다. 그들이 지불하는 대가는 무엇인가?

의미의 어두운 면

행복과 의미 방정식에 대한 경고로써 비록 행복 추구가 의미를 가져다주지 못한다 할지라도 나는 그 추구를 무시해서는 안 된다고 덧붙이고 싶

---

1) Roy F. Baumeister (1992), Meanings of Life. London: Guilford Press.

다. 행복 추구에는 매우 인간적인 특성이 있다. 볼테르Voltaire가 캉디드Candide에서 말한 것처럼 "우리는 우리의 정원을 가꾸어야 한다Il faut cultiver notre jardin." 우리는 의미 추구가 극단으로 치닫지 않도록 주의해야 한다. 나는 몇몇 고객들이 선행에 집착하는 것을 보았다. 나는 그들에게 의미를 추구할 때 야망을 주의하고 대의에 대한 순교자가 되지 않도록 조심해야 한다고 몇 번이고 반복해서 지적했다. 다른 모든 사람의 필요를 돌보기 전에 당신 자신의 당장의 필요는 돌봐야 한다. 기내 위급 상황 시 다른 사람의 산소 마스크를 씌워 주기 전에 자신의 산소 마스크를 먼저 쓰라고 안내하는 것은 괜히 그런 것이 아니다. 자신의 필요를 무시하는 것은 장기적으로 도움이 되지 않는다. 단지 우리를 지치게 할 뿐이다.

의미를 추구하면서 우리는 바다에서 손으로 노를 젓는 것, 정원에서 꽃향기를 맡는 것, 하늘을 날아오르는 새를 보는 것, 좋은 친구들과 대화를 나누는 것, 책 속에 빠져들거나, 자연 속에서 산책하거나, 우리 자녀들과 노는 것과 같은 삶의 작은 일에서 찾을 수 있는 즐거움을 무시해서는 안 된다. 이런 작은 일들을 하면서 얻는 즐거움은 우리를 더욱 편안하고 자연스럽게 느끼게 할 수 있고 결국 더 많은 에너지를 가지고 의미를 추구할 수 있도록 돕는다. 모든 것을 고려할 때, 우리는 살아 있다는 현장감, 즉 지금 여기에서 호흡하고, 생각하고, 행동하고 있다는 실로 놀라운 사실에 대해 감사하는 것을 결코 잊어서는 안 된다.

의미를 강박적으로 추구하는 일부 사람은 그들이 하는 일이 인간적인 차원에서 수행할 수 있는지 도리어 자문해 보아야 한다. 나는 너무 큰 무대에서 작업하려고 하는 사람들을 만나보았다. 그들은 초인간적이 되는 것보다 인간으로 남아 있으려고 노력하는 것이 훨씬 나을 것 같다. 우리가 항상 너무 높은 곳까지 도달할 필요는 없다. 더욱이 그들 가운데 일부는 반드시 더 나은 세상을 만드는 것도 아니다. 그들은 단순히 그들의 인생관Weltanschauung을 다른 사람들에게 강요하려는 것일 수 있다. 게다가 그것이 항상 더 나은 것도 아니다. 그들은 자주 자신의 이념적 열심으로 인해 다른 사람들이 자기 의미를 추구할 권리를 거부한다.

이것은 많은 분야에서 우리가 경험하듯이 의미 추구가 어두운 면을 가질 수 있기 때문이다. 의미라는 미명 아래 희생된 수백만 명의 사람들을 생각해보라. 예를 들어, 전체주의적 이데올로기는 의미를 개발하면서 개인의 욕구를 억누르고 행복의 기회를 박탈한다. 인류 역사를 볼 때, 많은 의미 주창자들은 자신의 대의가 정당하다고 확신하며 개인의 행복을 잃는 것은 상관없다고 생각했다. 그 대신에 무엇보다도 더욱 중요하게 여긴 것은 그들이 보기에 사회 전반에 가치 있는 이익을 가져오는 것이었다. 이러한 이데올로기 가운데 일부를 철저하게 준수하려던 노력은 엄청난 인류의 불행과 고통을 확산했다. 그러므로 우리의 인간적 특성을 없애는 것보다 온건한 열망을 갖는 것이 더 현명하다.

내가 이미 보여주었으리라고 바라듯이 대부분의 경우, 의미와 행복은 병행할 수 있다. 의미 있는 삶을 사는 것은 행복에 기여할 수 있다. 행복한 삶을 사는 것도 의미 있는 삶을 발견하게 할 수 있다. 일반적으로 만약 우리가 잘 살아온 행복한 삶, 즉 온전한 삶을 돌아보기를 바란다면 우리가 의미 있다고 여기는 것들을 좇는 것이 더 낫다. 그것들은 우리에게 자기 통제감뿐만 아니라 우리를 기분 좋게 해주는 깊이 있는 관계를 추구하고 편협한 자기 이익을 넘어서는 이타적인 일에 참여하는 것과 같이 의미 있는 목적을 제공하는 일련의 활동들이다. 평생 즉각적인 즐거움을 찾는 것만으로는 충분하지 않다. 의미 없는 행복은 얄팍하고 자아도취적이거나 이기적인 삶으로 이끈다. 그런 삶은 욕구와 욕망이 너무 쉽게 충족되고, 힘들지만 보람 있는 경험을 기피한다. 우리의 도전은 행복의 '최적 지점'을 찾는 것이다. 그것은 행복과 의미의 선순환을 만들어내어 궁극적으로 잘 사는 삶을 가능하게 하는 마법 같은 조합이다.

09
의미, 건강 그리고 행복

> 행복은 사랑하는 사람이 있고, 해야 할 일이 있고, 바라는 무엇인가가 있는 것이다.
> – 중국 속담

> 행복은 단지 상상 속에서만 있을 수 없다. 행복은 실제로 의미, 좋은 관계 및 성취하는 것뿐만 아니라 기분이 좋은 것이 어우러진 것이다.
> – 마틴 셀리그만 Martin Seligman

의미를 찾는 것은 사치가 아니다. 의미 있는 삶을 사는 것은 우리 삶의 질에 큰 변화를 줄 것이다. 정신건강에 이보다 더 중요한 것은 없다(7장 참조). 의미를 찾는 것은 건강한 발달과 삶의 도전에 대처하는 방식에 중요한 역할을 한다. 다시 말해, 삶의 의미는 심리적 행복, 심지어 수명과도 밀접한 관련이 있다. 삶의 의미를 경험할 때, 우리는 나이에 상관없이 더 나은 건강과 행복을 누리게 된다. 또 목적이 이끄는 의미 있는 삶을 살고 있다면 어려운 상황에 더 효과적으로 대처할 수 있게 된다. 우울한 감정은 줄어들 것이다. 우리는 건설적인 행동에 더 많이 참여하고 육체적으로 더 활동적일 것이다. 당연한 이야기이지만, '좀 더 활동적인' 생활 방식을 따른다면, 만성 질환과 비만의 발병률을 줄일 수 있다.[1]

관계의 질

흥미롭게도 의미 있는 삶을 사는 사람들은 이혼율도 낮고 혼자 살 가능성도 적다. 전반적으로 그들은 사회적 상호작용에 더 기민하고 가족 및 친구와 더 의미 있는 관계를 맺는다. 그들의 사회적 기술은 사회 및 문화적 활동에 참여할 가능성을 높인다. 이것은 의미를 추구하는 사람들이 다른 사람들과 의미 있는 관계를 맺는 데 더 능숙하다는 것을 시사한다. 그것은 소속감과 관련이 있다. 우리의 존재나 부재가 다른 사람들에게 의미가 있다는 것은 정신적, 육체적 건강에 긍정적으로 영향을 미치기 때문이다.

이러한 발견은 미국의 대공황 기간에 시작되어 80년 이상 진행되었으며 행복과 삶의 만족도에 관해 수행된 가장 긴 연구로 남아 있는 '진행 중인 삶Lives in Progress' 연구에 의해 확인되었다. 이 연구에 따르면, 좋은 삶은 우리 관계의 질에 크게 좌우된다.[2] 다른 사람들과 보내는 시간은 삶의 스

---

1) https://www.ncbi.nlm.nih.gov/pmc/articles/PMC4224996/purposeful individuals lived longer than their counterparts; https://doi.org/10.1037/a0017152 Purpose in Life as a System that Creates and Sustains Health and Well-Being: An Integrative, Testable Theory; https://www.apa.org/news/press/ releases/2009/08/positive-educate.
2) Robert W. White (1972). Lives in Progress: A Study of the Natural Growth of Personality. New York: Holt & Co; https://www.health.harvard.edu/blog/the-secret-to-happiness-heres-some-advice-from-thelongest-running-study-on-happiness-2017100512543.

트레스와 변화에서 우리를 보호해 주는 것으로 보인다. 1938년 그 연구가 시작되었을 때, 하버드 대학교의 몇몇 연구원은 학생 268명의 건강을 추적하기 시작했다(모두 남성임. 당시 하버드 대학교는 여성의 입학을 허용하지 않았다). 그들은 종단 연구longitudinal study를 통해 건강하고 행복한 삶을 영위하는 방법에 대한 단서를 밝힐 수 있기를 희망했다. 80년 이상 살아남은 하버드 남성을 추적한 결과 발견한 주요 내용은 우리 몸을 돌보는 것도 당연히 중요하지만 자기 관리 측면에서 보았을 때, 관계를 돌보는 것도 똑같이 중요하다는 것이다. 사는 동안 가장 잘한 사람들은 가족, 친구 및 공동체와의 관계에 의지한 사람들이었다.

이 중요한 연구는 인간의 충만한 삶과 가족, 친구 및 공동체와의 관계 사이에 강한 연관성이 있음을 분명히 보여주었다. 그러나 또한 연구에서 보여준 것은 외로움이 사람을 죽인다는 것이다. 좋은 삶과 불행한 삶의 차이는 우리가 맺고 있는 관계의 질인 것으로 보인다. 우리가 편안하고 자연스럽게 느끼기 위해서는 친밀한 관계가 필수적이다. 다른 사람들과의 긴밀한 유대는 삶의 불만에서 우리를 보호하고, 정신적, 육체적 쇠퇴를 늦추는 데 도움이 되며, 장수와 행복한 삶에 대해서 사회 계급, IQ 또는 심지어 유전자보다 더 정확한 예측 인자이다. 그러므로 건강 관점에서 보면, 연민, 사랑 및 사회적 지지를 경험하는 사람들은 큰 혜택을 받는다.

'진행 중인 삶' 연구는 또한 좋은 삶은 돈, 명성, 권력 또는 지위에 관한 것이 아니며 우리가 무엇을 가졌는지를 가지고 삶을 평가하는 것은 현명하지 못하고 물질적 소유에 몰두하는 것은 좋지 않은 생각임을 밝혀냈다. 실제로 물질을 얻는 것이 인생의 주요 목표가 되면, 결코 채울 수 없는 심리적 공허함이 생기게 된다. 기본적으로 우리가 좋은 삶을 살고 싶다면,

배우자, 자녀들, 다른 가족 구성원들, 그리고 친구들에게 관심을 기울이는 것이 더 낫다. 우리가 사랑과 애정을 갖고 있으며, 우리에게 그들의 사랑과 애정을 되돌려주는 사람들과의 관계가 우리 삶을 가치 있게 만든다. 빅터 프랭클Victor Frankl의 말을 인용하면, "인간은 본래 '자신을 찾는 것'보다는 '의미를 찾는 것'이 특징이다. 대의나 다른 사람에게 집중하면서 자신을 잊으면 잊을수록 더욱 인간답게 된다."[3] 또 자신이 아닌 다른 어떤 것 또는 누군가에게 더 많이 몰두할수록 그는 더욱 진정한 자신이 된다. 나는 임원들과 함께 일하면서 우리가 삶에서 의미를 얻는 방법은 다른 사람을 인정하고 우리 공동체를 돌보는 데 헌신하는 것임을 반복적으로 관찰했다. 우리 자신의 무엇인가를 다른 사람들에게 전해 주는 것이 삶을 진정으로 의미 있게 만드는 것이다. 톨스토이는 "인생의 유일한 의미는 인류에 봉사하는 것"이라고 말했다. 비슷한 맥락에서 알버트 아인슈타인은 "다른 이들을 위해 산 삶만이 가치 있는 삶"이라고 언급했다.

이타주의와 그 진화적 기원

이타적 활동은 장수하며 의미 있는 삶을 사는 데 중요한 역할을 하는 것으로 보인다. 이타주의는 일반적으로 사심 없고 이타적인 자세로 다른 사람의 행복에 관심을 갖는 것으로 정의된다. 달라이 라마Dalai Lama의 말처럼 "삶의 주된 목적은 다른 사람들을 돕는 것이다." 이타주의는 보상을 기대

---

[3] https://excellencereporter.com/2019/06/21/viktor-frankl-on-the-wisdom-and-the-meaning-of-life/.

하면서 어떤 일을 하기보다는 자발적으로 행하는 것이다. 타인에 대한 동정하는 관심이라는 이타주의에 대한 정의는 에릭 에릭슨Erik Erikson이 설명하는 번영generativity, 즉 미래 세대의 안녕과 세계 전체에 대한 개인의 관심과 밀접하게 관련되어 있다.[4]

이타주의를 생각할 때, 우리는 다른 사람들의 삶을 개선하기 위해 자기 인생을 바친 비범한 사람들을 생각하게 된다. 캘커타Clacutta 빈민가에서 나병환자, 노숙자, 그리고 극빈자들을 돌본 테레사 수녀Mother Theresa, 2차 세계 대전 중 유대인 어린이들이 체코슬로바키아에서 탈출하도록 도운 킨더트랜스포트Kindertransport를 조직한 니콜라스 윈튼 경Sir Nicholas Winton, 그리고 최근에는 콩고 민주 공화국에서 강간당한 여성들이 입은 끔찍한 피해를 재건 수술을 통해 회복시키는 기술로 알려진 '기적의 의사', 데니스 무퀘게Denis Mukwege들이 그들이다. 그러나 이들의 경우는 예외적이다. 대부분의 이타적인 행동은 언론의 관심과는 상관없이 훨씬 더 소소한 형태로 이루어진다. 예를 들어, 많은 사람이 자원 봉사에 상당한 시간을 할애한다. 누군가를 돕거나 단체 활동을 통해 다른 사람들과 협력하는 등 공동체 내에서 목적이 있는 활동에 적극적으로 참여하는 것은 우리를 자신보다 더 위대한 사람이나 가치와 연결함으로써 더 큰 사회로 통합하는 데 도움을 준다. 이것은 자아를 초월하는 중요한 방법이 될 수 있다. 우리가 혼자서 하는 일은 우리와 함께 사라지지만 다른 사람들과 세상을 위해 하는 일은 남아서 영원히 기억될 것이다.

나는 심지어 이타주의가 우리의 진화적 유산의 일부라고 제안하고자 한다. 인간에게는 도움을 주려는 친사회적이며 이타적 행동을 하려는 경

---

4) Erik H. Erikson (1963), Childhood and Society. New York: W. W. Norton

향이 있음이 분명하다. 우리는 호모 사피엔스가 어떻게 진화해왔는지에 관한 연구를 통해 한 집단 내의 이타적 행동이 다른 집단에 대한 경쟁 우위 형성에 기여한다고 주장할 수 있다. 집단 내에 널리 퍼진 이타주의와 집단의 생존 사이에는 강력한 상관관계가 있는 것으로 보인다. 반복적으로 우리는 이타적인 행동이 집단 구성원의 수명에 얼마나 긍정적으로 영향을 미치는지 알 수 있다. 더 평등한 사회(예로, 이뉴잇족Inuit 또는 산 부시맨San Bushmen이 있다)를 연구한 인류학자에 따르면 제도화된 또는 '생태학적 이타주의(다른 사람을 돕는 것)'는 사회적 규범이다. 그것은 세대를 거쳐 지켜지는 원칙이 된다.

높은 수준의 자원봉사는 낮은 사망률과 상당히 관련이 있는 것으로 보인다.[5] 다양한 의학적 연구에 따르면 다른 사람들을 더 많이 도와주는 사람들이 자신들을 육체적으로 더 건강하다고 말할 가능성이 훨씬 크다. 물론 그 활동들이 타인에 대한 동정적 관심을 보여주는가 여부와 상관없이 이타적인 사람들이 모든 종류의 사회적 활동에 참여하기를 좋아하는 활기 넘치고 사교적인 경향이 있다는 점은 이타주의와 건강 사이의 관계를 설명하는 한 가지 요인일 수 있다. 때때로 우리가 진정한 이타적 행동 자체를 다루고 있는지 아니면 더 일반적인 사회 참여 형태를 다루고 있는지 구별하기가 어려울 수 있다. 건강 그 자체가 누가 이타적인 사람이 되고 누가 그렇지 못한가에 영향을 미칠 수 있다는 점도 고려되어야 한다.

이것은 중요한 경고이다. 그러나 우리가 다른 사람들을 도울 때, 우리 자신에 대해 뿌듯하게 느끼는 경향이 있다는 것은 부정할 수 없으며, 이

---

5) Morris A. Okun, Ellen W. Yeung, E. W., & Stephanie Brown (2013). Volunteering by older adults and risk of mortality: A meta-analysis. Psychology and Aging, 28(2), pp. 564-577.

는 정신적, 생리학적으로 긍정적인 영향을 미친다. 본질에서 앞서 언급한 바와 같이 '주는 행동'은 주는 사람에게 유형적이고 장기적인 정신과 육체의 건강상 이점을 제공하는 것으로 보인다. 이타적 활동은 더 의미 있는 사회적 통합을 이룰 뿐만 아니라 우리의 개인 문제들에서 주의를 딴 데로 돌리게 할 수도 있다. 게다가 사람들이 그러한 행동에 참여하는 동안 경험하는 더 큰 자기 효능감과 유능감이 스트레스 완충 효과를 가져올 수도 있다.

이러한 맥락에서 나는 6장에서 언급한 칼 융의 질문 - 우리는 왜 그렇게 오래 사는가?로 다시 돌아가려고 한다. 왜 우리는 아이를 낳고 양육하는 진화적 목표를 달성한 뒤에도 여전히 살아 있는가? 다른 종들과 달리 호모 사피엔스는 생식 기간이 지난 뒤에도 오래 살고 일한다는 사실 때문에 융은 이 의문을 제기했다. 우리가 장수하는 이유는 우리가 여전히 감당해야 할 진화론적 역할이 있기 때문인가? 태초의 돌보는 역할이 여전히 남아 있는가? 노년층이 젊은 세대, 특히 손주를 돌보려는 경향이 있는 것처럼 이타주의로 위장한 '사회적' 번영과 같은 것이 있을 가능성이 있는가? 좀 더 사회생물학적 관점에서 보면, 우리의 장수는 이타적인 활동이 젊은 세대의 생존율을 향상할 수 있다는 점에서 자연 선택이 실제로 작동하고 있음을 증명하는 것처럼 보인다. 젊은이들이 조부모 돌봄이나 기타 생식에서 유래된 활동으로 인해 경험할 수 있는 선택 과정상의 이점은 인간이 생식 목적보다 오래 사는 이유에 대한 설명의 하나일 수 있다.

요약하면, 긍정적인 정서, 돕는 행동 각각 또는 둘 다 행복, 건강 및 장수와 관련이 있다. 이타적 행동은 노화 과정을 늦추는 것으로 보인다.[6] 이러한 긍정적 정서(친절, 연민, 박애)는 정서적으로나 육체적으로 해로운 부정적인 정서(분노, 증오, 두려움)를 무력화할 수 있다. 다시 말해, 선한 것은 좋다. 역설적이게도 이타적인 것은 상당히 이기적 일 수 있다. 베푸는 것이 받는 사람보다 베푸는 사람의 정신건강에 더 긍정적인 영향을 미치는 것으로 보인다. 다른 사람이든 환경이든 돌보는 활동은 이타적인 성향을 가진 사람들이 더욱 필요하다고 느끼게 만든다. 그리고 그들이 변화를 만들고 있다는 느낌이 그들의 정신건강에 기여하는 듯하다. 따라서 관대한 삶은 또한 더 행복하고 건강한 삶을 만든다.

그러나 이타주의가 우리 현대 사회에서 고려되어야 하는 의미를 찾는 과정과 관련되어 있는지에 대해서는 짚어야 할 점들이 있다. 소셜 미디어에 사로잡힌 세상에서 사람들은 이타적인 활동에 참여하기에는 너무나 고립되어 있다. 또 모든 이타적인 행동이 반드시 건강한 것은 아니다. 과도하게 베푸는 데 따른 건강에 해로운 결과가 분명히 있다. 8장에서 언급했듯이 육체적으로나 정서적으로 처리할 수 있는 것 이상을 베풀도록 자신에게 너무 많은 스트레스를 주는 사람들이 늘 있기 마련이다. 정서적으로 억눌린 상태에서 그들은 지치게 되며, 이는 육체적, 정신적 건강에 해로운 영향을 미친다.

이러한 경고가 있는데도, 이타적 행동에는 상당한 건강상 이점이 있다. 인생의 가장 위대한 목적, 우리가 해낼 수 있는 가장 위대한 성취, 가장 큰 만족은 다른 사람을 위한 봉사에서만 찾을 수 있다는 것은 여러 번 강조할 가치가 있다. 예를 들어, 일반적으로 그레타 툰베리 Greta Thunberg처럼

---

6) Stephen G. Post (2005). Altruism, Happiness, and Health: It's Good to Be Good, International Journal of Behavioral Medicine, 12, (2), pp. 66-77; Caroline Schwartz, Janis Bell Meisenhelder, Yunsheng Ma, and; George Reed (203). Altruistic Social Interest Behaviors Are Associated with Better Mental Health, Psychosomatic Medicine, 65 (5), pp. 778-785.

우리 지구의 물리적, 사회적 환경 보호를 위해 기후 변화에 대처하고, 흑인의 생명도 소중하다Black Lives Matter와 같은 운동을 지지하는 젊은 활동가들을 통해 자극받아 밀레니얼과 Z세대가 의미를 만들어내는 행동들을 목격하는 것은 고무적이다.

감사

감사는 이타주의와 밀접한 관련이 있으며 우리의 행복에 매우 중요한 또 하나의 활동이다. 관대한 행동이 의미를 부여한다면, 우리가 타인에게서 받은 친절함에 감사하는 것은 의미를 만들어 가는 과정에 도움이 된다. 이타주의와 마찬가지로 감사도 정신건강에 좋은 것으로 보인다.[7] "고맙습니다."라고 말하며 감사를 표하는 것은 개인적인 차원에서 많은 도움이 된다.

감사는 유형이건 무형이건 우리가 다른 사람들에게 받는 것에 고마움을 표하는 것이다. 그것은 우리가 갖지 못한 것에 대한 불만에 초점을 맞추는 대신, 우리가 가진 것에 감사하는 방법이다. 감사를 표현하는 것은 분노, 시기, 원한과 같은 나쁜 감정에서 우리를 분리하고 삶의 역경을 처리하는 데 도움이 되며, 우리의 전반적인 행복감을 증가시킨다. 일반적으로 은혜를 기억하는 사람들은 더 행복하고 덜 우울한 경향이 있다. 매일 당신이 "고맙습니다."라고 말하는 사람들의 수를 기억할 정도로 날마다 감사를 연습하는 것은 가치가 있다.

---

7) https://www.health.harvard.edu/healthbeat/giving-thanks-can-make-you-happier.

감사는 우리가 감사를 표현하기로 결정한다는 점에서 의식적인 선택이다. 타인의 강요에 의한 것이 아니다. 그러나 모든 것을 고려해볼 때 감사를 느끼는 것은 관점 전환과 관계가 있다. 우리는 삶의 부정적인 것들에 집중하며 불평할 수도 있고, 감사와 행복을 선택하기로 결정할 수도 있다. 매일 모든 상황에서 우리는 이 선택을 한다. 감사를 표현함으로써 우리는 우리 삶의 좋은 점을 인정하고 우리 자신보다 더 큰 무엇인가에 닿을 수 있다. 그리고 이렇게 사는 것이 더 의미 있는 삶을 사는 데 도움이 된다.

유능감

유능함은 목적과 밀접하게 관련이 있으므로 의미 형성 과정에서도 중요한 역할을 한다. 유능하다고 느끼면 정신적으로나 육체적으로 기분이 좋아진다. 비록 우리가 성취하고자 하는 결과에만 우리의 자존감을 결부시키면 불안정한 자존감이 형성될 수 있지만, 일반적으로 우리는 여전히 우리 활동들의 긍정적 측면이 부정적 부분보다 우세하기를 원한다. 우리는 전진하고, 발전하고, 기술을 연마하고 있다는 걸 느끼기 원한다. 즉 무엇을 하든 유능하다고 인식하고자 한다. 따라서 많은 사람에게 삶의 의미는 진보하고, 성취하고, 자신이 하는 일을 더 잘하게 되는 것과 관련 있다. 유능감은 또한 우리가 성취할 수 있는 것에 자부심을 느끼는 것이다. 한마디로 기분이 좋아지는 것이다.

그러나 다시 말하지만, 우리가 관여하는 일들을 의미 있게 경험하는 것이 가장 중요하다. 속담에서 말하듯이 사람들은 돈을 위해서는 일하지만 대의를 위해서는 죽는다. 그런 면에서 우리가 하는 일은 많은 의미를 가질 수 있다. 그렇지 않다면 인생이 매우 공허할 것이다. 우리는 우리가 본질에서 이기적이라고 배우지만, 의미 있는 행동을 하고자 하는 열망 또한 우리를 구성하는 명백한 부분 가운데 하나인 것 같다. 의미 있는 일에 참여하는 것은 심리적으로 긍정적 영향을 미친다.

가능하다면, 우리가 다른 사람들을 도와줄 수 있는 일을 하려고 노력해야 한다. 사람들이 기분이 가장 좋을 때, 최고의 결과를 얻는데 이는 몰입하는 것이 중요하기 때문이다. 돕는 직업에 종사하는 사람들만을 말하는 것은 아니다(이 사람들 가운데 일부는 매우 이기적일 수 있다). 일터에서 공익에 기여하는 방법은 많다. 나는 안타깝게도 의도적이든 의도하지 않았든 자신이 진정으로 사랑하는 일을 하지 않기 때문에 진정으로 살아가지 못하는 많은 사람들을 만났다. 흔히 그들은 선택의 여지가 있다는 것을 깨닫지 못한다. 요약하면, 인생의 의미는 중요하고 그것이 차이를 만들어낸다는 것이다. 우리가 떠날 시간이 되면, 우리는 우리가 태어날 때보다 더 나은 세상을 남겨줘야 한다.

10
의미 만들기 기술

> 나는 항상 믿어 왔고 여전히 믿고 있다. 우리에게 어떤 행운이나 불행이 닥치든 우리는 항상 그것에 의미를 부여하고 가치 있는 것으로 바꿀 수 있다.
> – 헤르만 헤세 Hermann Hesse

> 의미가 있는 가장 작은 것이 의미가 없는 가장 큰 것보다 인생에서 더 가치가 있다.
> – 칼 융 Carl Gustav Jung

마크 트웨인 Mark Twain은 "우리 인생에서 가장 중요한 두 날은 우리가 태어난 날과 그 이유를 알게 되는 날"이라고 말했다. 당연히 이것은 살면서 우리가 무엇을 할 것인지에 대한 문제를 제기한다. 나는 이 책을 통해 인간의 삶을 의미 있게 만드는 것은 단순히 삶을 사는 것이 아니라 삶에 대한 성찰이라고 제시했다. 특히 우리 존재가 어떤 의미로 해석될 수 없다면 우리의 하찮음을 견디는 것은 어려운 일이다. 삶이 무의미해 보인다면,

우리는 쉽게 절망에 빠진다. 우리는 모든 역기능의 영향으로 우울해질 수 있다. 내가 반복해서 언급했듯이, 의미 있는 삶은 우리의 정신적, 육체적 건강에 유익하다.

이 책의 전반부에서 나는 "왜 우리가 여기에 있는가?"라는 질문이 평생 동안 우리를 집요하게 따라다닐 것이라고 말했다. 그것은 더 큰 맥락에서 우리 삶을 바라보도록 만든다. 즉 의미를 담고 있는 삶의 이야기를 발전시키게 한다. 우리는 모두 인생이 무엇인지에 대해 적절한 답을 찾고 싶어 한다. 그러나 그것을 알기 위해 지위, 권력 또는 부의 측면에서 세상에 대한 우리의 기여도를 측정해서는 안 된다는 것을 기억해야 한다. 우리가 인류와 자연 세계에 기여하는 바를 살펴보는 것이 더 현명하다. 도스토예프스키는 그의 소설 『까라마조프의 형제들The Brother Karamazov』에서 이 점을 지적했다. "인간 존재의 비밀은 사는 것뿐만 아니라 무엇을 위해 살아야 하는지 아는 데 있기 때문이다. 삶의 목적에 대한 확고한 확신이 없다면, 인간은 살아간다는 것을 받아들이지 않을 것이며, 비록 그가 풍족하더라도 이 땅에 존재하기보다는 자신을 파괴할 것이다."[1]

많은 사람은 성공적인 경력, 사랑하는 가족, 강력한 인간 관계의 조합을 의미 있는 삶을 위한 처방처럼 여긴다. 다른 사람들은 인생의 목적이 더 큰 유산을 남기는 것, 즉 편협한 개인의 이익을 초월하는 활동에 참여하기 위해 노력하는 것이라고 주장할 수 있다. 그들은 그러한 유산을 남기는 것이 존경받고 우리가 떠난 뒤에 기억되는 방법이라는 점에 주목한다. 이것은 비즈니스 제국을 건설하거나 노벨상을 수상하는 것과 같이 거

---

[1] https://www.goodreads.com/quotes/889146-for-the-secret-of-man-s-being-is-not-only-to

창한 규모로 무언가를 성취하는 것을 의미하지 않는다. 그것은 단순히 인류를 위해 작은 기여를 함으로써 세상을 좀 더 나은 곳으로 만드는 것을 의미할 수 있다.

책의 서두에서 다룬 테드의 경우를 기억하라. 그와 마찬가지로 우리 대부분은 삶을 어떤 의미로 채우고 싶은 욕구에 사로잡혀 있다. 우리 가운데 일부에게는 이 의미가 무엇인지 아주 분명할 것이다. 그러나 우리 대부분에게 이 문제는 훨씬 더 흐릿하다. 알지 못한다는 것은 허무함에 갇힌 느낌, 즉 공허함으로 이어질 수 있다. 내가 전에 언급한 것처럼 이 공허함에 대처하면서, 어떤 사람들은 흔히 행동의 함정 action trap에 빠질 수 있는 유혹을 받는다. 그들은 두려움 또는 쾌락, 술 또는 마약, 종교 또는 악덕, 행동 또는 나태함, 사랑 또는 증오로 그 공백을 메우려고 한다. 그 대신에 그들은 자기 인식을 높이고 세상에서 자기 역할을 확인함으로써 공허함을 다루기 위해 매우 다른, 더 긍정적인 접근 방식을 취할 수도 있다.

그러나 많은 사람이 첫 번째 대안을 선택할 것이다. 더 많은 사람이 그 길을 밟는다. 우리는 얼마나 많은 사람이 그들이 생각하기에 중요해 보이는 일을 하느라 바쁘게 지내면서도 활기 없이 무의미한 삶을 살아가고 있는지 볼 수 있다. 실제로 그들은 쳇바퀴 위의 쥐처럼 행동한다. 프랑스어에는 'Metro, boulot, dodo'라는 적절한 표현이 있다. 문자 그대로 '통근, 일, 수면'을 의미하는 이 문구는 우리 가운데 많은 사람이 겪는 매일의 고단함을 설명하는 좋은 방법이다. 너무 많은 사람이 월요일 아침에 일어나서 삶에서 의미를 발견하지 못한 채 다른 월요일들과 똑같이 보낸다. 즉 일터로 나가고 기계적으로 일한다. 그들은 태어나 일정한 교육을 받고, 직업을 얻고 배우자를 만나 아이를 양육하며 돈을 번다. 그리고 결국 그들은 죽는다. 그러나 그들은 그들이 하는 일을 왜 하고 있는지 알지 못한 채 죽는다. 실제로, 그들은 아무 데도 가지 않았다. 다시 말해, 그들은 여행 방법을 계획하는 데 만전을 기하느라 너무 바빠서 가고 싶었던 곳을 잊어버렸다. 심지어 여행을 즐기고 있는지조차 묻지 않는다. '통근, 일, 수면' 주기를 바쁘게 따라가는 동안 그들은 인생의 중요한 목적, 즉 자신을 더 잘 알고 그들에게 가장 의미 있는 것이 무엇인지 찾는 것을 잊어버렸다.

진정성

너무 많은 사람이 인생의 목적을 거의 갖고 있지 않다. 3장에서 이야기한 이반 일리치Ivan Ilych처럼 그들은 죽을 때가 돼서야 자기 삶에 무슨 일을 했는지 깨닫게 될지도 모른다. 우리 모두가 가장 두려워하는 것 가운데 하나는 불가피한 죽음이 아니라 우리가 가치 없는 삶을 살아왔다고 결국 깨닫게 된다는 점이다. 그리고 우리가 테드에게서 보았듯이, 그가 이 땅에 온 궁극적인 목적을 알지 못하는 것은 그에게 엄청난 고통을 안겨주었다. 살아갈 목적이 없을 때, 우리는 운명의 주인도 아니고 영혼의 주인도 아닌 것이다. 우리는 우리가 하는 무엇이든 관리하지 못할 것이다. 버스 기사가 아니라 버스 승객처럼 행동하는 것은 실질적으로 자신이 가고 싶은 곳을 알고, 인생에서 원하는 것이 무엇인지 알고, 원하는 것을 달성하기로 결심한 다른 사람들에게 우리가 이용당할 수 있게 만든다. 만약 의미가 없다면 우리는 목적 없이 땅을 배회하는 길 잃은 영혼과도 같다.

우리가 아무리 바쁘게 살아간다고 해도 삶의 의미에 대한 질문은 무의식적으로든 의도적으로든 불가피하게 나타날 것이다. 인생의 우여곡절 가운데서 우리는 수동적일지 능동적일지 선택할 수 있다. 우리는 진정성 있게 사는 것이 중요하다는 것을 시간이 지나면서 더 잘 깨닫게 된다. 우리의 참된 모습에 충실하면 성취감을 느끼고 진정한 삶을 사는 데 기본이 될 것이다.

진정성은 외부 압력이 있더라도 우리의 행동이 우리의 신념 및 바람과 일치한다는 것을 의미한다. 그것은 완전히 통합된 삶을 사는 것을 의미한다. 즉 우리 자신의 가치, 신념 및 원칙과 일치하는 것이다. 그것은 우리가 진심으로 어떻게 느끼는지를 보여주는 방식으로 행동한다는 것을 의미한다. 그것은 취약해질 수 있는, 그리고 우리의 진정한 자아를 기꺼이 보여주려는 용기를 수반한다. 우리가 무엇을 하든, 행동의 원동력은 외부에서 주입되는 것이 아니라 내부에서 우러나와야 한다. 진정성은 또한 편견을 버리고 모순되고 복잡하고 화려함 속에 가려진 우리 자신을 있는 그대로 보는 것을 의미한다. 진정성의 황금률은 우리가 대우받고 싶은 대로 다른 사람들을 대우하는 것이다. 그것은 우리가 다른 사람들의 눈에 완벽하지 않다는 것을 편안하게 느끼고 우리의 약점들과 특이한 점들을 포용하는 것을 의미한다. 이러한 원칙에 따라 행동하면, 우리는 훨씬 더 편안하고 자연스럽게 느낄 것이다.

진정한 삶을 사는 데 있어 또 다른 중요한 측면은 우리가 영혼의 존재를 믿든, 종교를 따르든, 또는 불가지론자이든 상관없이 '왜'라는 주제를 기꺼이 다루려는 의지이다. 그리고 우리의 인생관Weltanschauung이 어떻든 우리는 이러한 내면의 여정을 시작할 용기가 필요하다. 그렇지 않고 그냥 내버려 둔다면, 물질적 소유와 이익이 있더라도 우리 삶은 아마도 피상적이고 공허하게 되어버릴 것이다.

심사숙고한 삶

목적과 목표(건강, 재정적 성공, 학업적 성취)를 추구하는 것은 모두 훌륭하고 좋지만 반드시 의미가 있는 것은 아니다. 그것은 우리가 잘못된 목표를 가지고 있기 때문이 아니라 오히려 우리가 우리 삶에 대한 바른 성찰적 입장을 지키는 데 실패했기 때문이다. 앞에서 언급한 대로 정신건강을 지키는 방법은 우리의 목적이 무엇인지, 그리고 우리에게 정말 중요한 것이 무엇인지 아는 것이다. 이것은 우리의 강점, 약점, 가치, 신념, 욕구와 속마음이란 극장에서 펼쳐지는 중요한 이야기들을 발견하기 위해 내면 여행을 기꺼이 시작하려는 의지를 의미한다. 그것은 또한 우리가 매일 쓰는 사회적 가면 아래 숨겨진 그림자가 있다는 것을 받아들일 준비가 되어 있음을 의미한다. 그것은 충동적이거나, 상처를 입거나, 슬프거나, 고립된 우리 자신의 부분, 즉 우리가 일반적으로 무시하려고 하는 우리의 모습이다. 그러나 우리는 이 그림자가 정서적 풍성함과 활력의 원천이 될 수도 있음을 명심해야 한다. 자신의 그런 부분을 인정하는 것은 치유의 길이 될 수 있고 더 진정한 삶을 사는 길이 될 수도 있다.

그러나 많은 사람이 삶을 살아가면서 자기 삶의 목적이 무엇인지 이해하기 위해 거의 노력을 기울이지 않거나 전혀 노력하지 않는다. 물론 그들은 자신이 좋아하는 것과 싫어하는 것에 대해 알고 있지만 자신에게 의미를 부여하는 것에 대해서는 거의 알지 못한다. 그들이 자신의 삶을 진정으로 들여다보는 데 신경 쓰지 않는다면 정말로 중요한 것이 무엇인지 전혀 모른 채 무지 속에서 죽을 위험을 무릅쓰는 것이다. 삶을 살펴보지 않기로 한다면 삶의 의미는 거의 없어질 것이다. 불행히도 정신분석가, 심리치료사 또는 임원코치로 일하면서 나는 이런 식으로 행동하는 많은 사람을 만났다. 그들은 다른 이들이 잘 가지 않는 그 길을 택하기를 꺼렸다. 그들은 경력 차질, 교육 기회, 이혼, 개인적 상실, 전근과 같은 삶의 전환과 위기를 통해서만 변화를 시도할 의사를 갖는다.

그러나 우리가 내면 여행을 하는 동안 우리는 풀리지 않은 많은 질문에 직면할 수 있다. 우리의 과제는 이러한 질문에 대한 답을 찾기 위해 용기를 내는 것이다. 이것은 어려운 일일 수 있지만, 이러한 내면 탐색 없이 우리는 어떤 성과도 거두지 못할 것이다. 우리는 일상에서 한 발짝 물러나 우리 삶을 매우 다른 방식으로 생각해보는 시간을 가져야 한다. 그러나 우리가 찾은 것이 우리 마음에 들지 않을 수 있다. 우리는 현재의 삶이 거의 또는 전혀 의미가 없다는 것을 발견할 수도 있다. 그런데 그것은 어느 누구도 듣고자 하는 소식은 아니다. 우리는 대부분 우리가 이 세상에 존재하는 이유가 있다고 믿기를 원한다. 그러나 우리는 단지 추상적인 삶의 의미를 찾지 말아야 한다. 우리는 우리가 살아내고 있는 삶 속에서 의미를 찾아야 한다. 무관심한 방관자가 되지 않고 우리 삶에 의미를 부여하는 것은 우리의 책임이다.

많은 사람이 내면으로의 여행을 시작할 준비가 되어 있는 것은 아니다. 그리고 그들이 시도하더라도 탐험하는 동안 수많은 장애물을 만나면서 꼼짝 못하게 될 수 있다. 많은 사람은 보고 있으면서도 외면하려고 한다. 인류 대부분이 의미는 제쳐 두고 일상에 정신을 빼앗긴 채 완전한 망각 속에서 살아가는 것은 놀랍지 않다. 많은 사람이 어떻게 그리고 왜 여기에 있는지, 또 무엇을 해야 하는지 모른다. 더욱이 많은 사람은 신경조차 쓰지 않는다. 오스카 와일드Oscar Wilde가 말했듯이 "살아 있다는 것은 세상에서 가장 희귀한 일이다. 대부분 사람은 그저 존재한다. 그것이 전부다." 그러나 우리가 단지 존재하는 것이 아니라 살기 위해서 무엇을 할 수 있는가? 충만하고 의미 있고 진정한 삶을 산다는 것은 무엇을 의미하는가?

앞서 말했듯이, 우리는 동물과 달리 성찰하는 능력이 있다. 우리는 인간의 의식을 가지고 있다. 고도로 발달된 두뇌로 인해 우리는 복잡한 문제를 풀 수 있는 인지적, 정서적 능력을 소유하고 있다. 뇌에서 중요한 인지 능력을 통제하는 부분인 전두엽의 발달로 인해 우리는 삶의 의미를 고찰할 수 있는 능력이 있다. 우리는 앞으로의 전개 과정을 추정할 수 있고 이를 통해 우리가 일시적으로 이 땅에 머문다는 것을 깨닫게 된다. 이 사실을 받아들이면 우리는 선택을 하게 되는데, 이상적인 경우 그 선택은 우리 마음속 극장의 이야기와 일치할 것이다. 우리가 누구이며 무엇을 원하는지 더 잘 알수록 더 나은 선택을 하게 될 것이며 이에 따라 행동할수록 우리는 더 완전하게 느끼고 의미 있는 삶을 살 가능성이 커진다.

의미를 선택된 소수가 추구하는 사치스러운 과제로 보아서는 안 된다. 그것은 단지 신진 철학자들에게만이 아니라 우리 모두에게 필요한 도전이다. 의미 있는 삶은 우리에게 더 좋고, 더 행복하고, 더 건강한 삶을 살 수 있는 기회를 줄 것이다. 그러나 발길이 뜸한 이 길을 택한다는 것은 우리가 삶의 오르내림, 상실과 승리, 기쁨과 고통, 빛과 그림자, 승리와 비극, 성취와 역경을 다룰 준비가 되어 있어야 함을 의미한다. 가치 있는 삶은 인간의 조건, 즉 부정적인 것과 긍정적인 것에 대한 통합적 관점을 포함해야 한다.

　우리 존재의 덧없음을 깨달을 때, 우리는 이 세상에 줄 수 있는 가치 있는 무엇인가를 만들어내고자 그리고 어떤 식으로든 중요한 존재가 되며 약간의 차이라도 남기고자 하는 동기를 갖게 될 수 있다. 단지 동물처럼 가장 기본적인 필요에 초점을 맞추는 것만으로는 충분하지 않다. 인간은 훨씬 더 많은 것을 해낼 수 있다. 비록 그 정도가 작더라도 이 세상에서 다름을 만드는 것은 우리에게 달려 있다. 우리 각자는 초월함을 위해 노력할 수 있으며, 자신의 편협한 관심사를 넘어설 수 있다. 그러나 이것은 우리가 다음과 같은 질문에 답할 준비가 되어 있어야 함을 의미한다. 나는 누구인가? 나는 여기서 무엇을 하고 있는가? 내 삶의 목적은 무엇인가? 모든 것의 의미는 무엇인가? 나는 어디에 속해 있는가? 성취를 느끼기 위해 무엇을 해야 하는가? 우리는 우리가 도대체 누구인지 알아내기 위해 이 땅에 존재한다.

의미의 발견

다행히도 의미가 도대체 무엇인가에 대한 혼란 속에서 심리학자들이 구출에 나섰다. 다양한 방법으로 다양한 심리치료적 개입을 통해 심리학자들은 우리가 지속적인 가치, 신념, 필요 및 목표에 접하도록 돕고자 노력해 왔으며, 우리 삶의 이러한 중요한 부분에 대한 의미와 목적 의식을 형성하려고 애써왔다. 그들 가운데 일부는 의미가 우리에게 무엇을 의미하는지 더 잘 이해하기 위해 대화 요법, 행동 개입, 마음챙김 명상, 꿈 작업

및 기타 강력한 개입과 같은 특정 심리 기술을 사용하기도 한다.

아마도 가장 잘 알려진 심리학적 방법은 빅터 프랭클Victor Frankl의 로고테라피logotherapy일 것이다.[2] 프랭클은 인간이 끔찍하거나 생명이 위협받는 상황에서도 삶의 어려움에 대해 용감한 자세를 취함으로써 의미를 만들어낸다고 반복해서 지적했다. 하나의 종으로서 우리는 예술, 유머, 자연, 사랑, 관계를 통해 삶과 연결할 수 있는 능력이 있다. 또 우리는 일, 취미 또는 기타 활동을 통해 삶에 참여할 수 있다. 더욱이 의미는 역사적 맥락 속에서 존재하기 때문에 우리는 과거와 현재를 이해함으로써 의미를 탐구할 수 있고, 이 지식을 사용하여 미래에 대해 생각하고 유산을 남길 수 있다. 로고테라피는 의미가 이러한 다양한 원천에서 발생하는 지속적인 가치들에 기반을 둔다고 상정한다.

프랭클은 '탈숙고dereflexion(고객이 자신에게 집중하기보다는 다른 사람을 돕는 것과 같이 더 높은 수준의 목표에 집중하도록 돕는 것)'와 소크라테스식 대화(고객이 의미와 관련된 열망을 찾을 수 있도록 개방형 질문을 하는 것) 같은 기술을 사용했다. 그는 의미를 목표 그 자체로써 추구할 수는 없다고 생각했다. 그것은 다른 목표를 추구할 때 따라와야 한다. 그러므로 의미를 찾으려면 우리보다 더 위대한 것과 연결해주는 활동들에 참여해야 한다. 예를 들어, 내 고객 가운데 한 명이 지구 온난화를 걱정하고 있다면, 나는 그 고객이 환경 관련 프로젝트에 기여할 수 있는 구체적인 방법을 찾는 데 도움을 주려고 노력할 것이다. 만약 내 고객이 교육에 관심이 있다면, 그 분야에 의미 있는 공헌을 할 수 있는 방법을 함께 모색할 것이다.

---

2) Victor Frankl (1985). Man's Search for Meaning. New York, NY: Washington Square Press/Pocket Books; Victor Frankl (1969). The Will to Meaning. New York: Penguin Books.

심리학자 폴 웡Paul Wong은 프랭클의 업적을 토대로 연구했다. 더 구체적으로 그는 인지행동치료, 긍정심리학, 의미에 관한 연구 결과 요소들을 통합하여 '의미 치료'를 개발했는데 그에 따르면 이것은 상담 및 심리치료에 대한 통합적이고 긍정적인 실존적 접근법이다. 그는 자신의 방법을 개인 삶에서 의미의 모든 측면을 다루는 포괄적인 방법으로 소개했다. 웡은 자신의 퓨어 모델PURE model(목적Purpose, 이해Understanding, 책임 있는 행동Responsible action과 즐거움Enjoyment/평가Evaluation)을 사용하여 사람들이 자신보다 더 위대한 목표나 행동을 추구하도록 격려함으로써 삶의 긍정적 요소와 부정적 요소의 균형을 맞추도록 돕고자 노력했다. 이런 개입 기법은 사람들이 자기 삶을 책임져야 한다는 책임감에 호소한다. 그 책임은 또한 진정으로 중요한 것과 그들이 생각하기에 만족스러운 미래를 결정할 수 있는 자유를 추구하는 것이다.[3]

심리학과 영성을 혼합하는 '의미 중심' 심리치료는 프랭클의 작업에서 파생된 또 다른 형태의 치료 방법이다.[4] 그것은 원래 말기 암 환자가 삶의 마지막에 다다르더라도 의미, 평안 및 목적에 대한 의식을 유지하거나 향상시킬 수 있도록 고안되었다. 구체적으로, 이 개입 기법은 환자들이 좋고 의미 있는 죽음이 무엇인지 탐구할 수 있도록 도움으로써 그들이 가진 죽음에 대한 두려움을 다룬다. 이러한 형태의 치료는 또한 환자들이 그들

---

3) Paul T. P. Wong, (2008). Meaning-management theory and death acceptance. In A. Tomer, G. T. Eliason, & P. T. P. Wong (Eds.), Existential and spiritual issues in death attitudes (pp. 65-87). New York, NY: Erlbaum; Rollo May (1969), Existential Psychology, New York: Random House.
4) William S. Breitbart and Shannon R. Poppito (2014). Individual Meaning-Centered Psychotherapy for Patients with Advanced Cancer: A Treatment Manual. New York: Oxford University Press.

의 삶, 질병 그리고 다가오는 죽음에 대해 더 긍정적인 태도로 임할 수 있도록 격려한다. 그것은 또한 그들이 정말 살아있다고 느끼게 하는 것과 맞닿아 있도록 자기 의무들을 용감하게 완수할 방법을 고심하도록 돕는다. 가장 중요한 것은 이러한 형태의 심리 치료에 매력을 느끼는 참가자들이 그들에게 가장 의미 있는 것을 다루기 위해서 깨어진 관계를 회복하거나 일종의 자원 봉사 활동에 참여하거나 늘 가 보고 싶었던 장소를 방문하는 것과 같은 '개인 유산 프로젝트personal legacy projects'를 만들어 보도록 용기를 얻는다는 것이다.[5] 이 치료적 방법을 통해 삶의 목적을 찾는다면 그들이 에너지를 어디에 써야 하며, 그들이 할 수 있는 것은 무엇인지 명확해질 것이다.

의미 탐색에 대한 또 다른 접근 방식은 실존적 심리치료이다. 그것은 지그문트 프로이트Sigmund Freud, 오토 랭크Otto Rank, 롤로 메이Rollo May의 성과에 기반을 둔다. 예를 들어, 가장 대표적인 인물 가운데 한 명인 어빈 얄롬Irvin Yalom은 인생은 본질에서 무작위적이고 무의미하다고 지적한다. 그러한 이유 때문에 인간에게는 자신만의 의미를 만들어낼 책임이 있다.[6] 다행히도 우리는 내면에서 무엇이 맞는지 생각하고, 믿고, 논리적으로 해석할 자유의지가 있으며, 이 과정은 우리에게 자유의지를 통해서 행동을 취할 수 있게 한다. 그의 치료에서 얄롬은 우리의 한계를 인정하면서도 인간의 능력과 열망에 박수를 보내는 긍정적인 접근 방식을 통해 인간이 처한 총체적인 상황을 강조했다. 그는 의미를 만드는 방법은 삶을 더 충실히 살아가는 것이라고 제안한다. 그것은 우리가 끌리고 우리를 성장시

---

5) William Breitbart (2014). Psychosocial Palliative Care. New York: Oxford University Press.
6) Irvin Yalom (1980). Existential Psychotherapy. New York: Basic Books.

키는 활동들과 사람들을 받아들이는 것이다. 그런 점에서 실존주의 심리치료자들은 고객이 진정 하고 싶은 일을 하지 못하게 막는 것이 무엇인지 그리고 그 여정은 무엇을 수반하게 될지 물어봄으로써 삶 속에서 만나는 장애물을 허물도록 돕는다.

사람들이 의미를 찾도록 돕는 데 있어서 행동주의적 관점을 취하는 심리학자 스티븐 헤이스Steven Hayes는 '수용 전념 치료Acceptance and Commitment Therapy(ACT)'를 소개했다.[7] 의미와 실존 요법과 마찬가지로 ACT는 고객이 충만한 삶을 살고 실존적 문제에 직면할 수 있도록 돕는다. ACT는 고객이 심리적 유연성, 즉 현재의 순간에 더 몰입하는 능력을 키우도록 격려한다. 이러한 형태의 심리치료에서 사람들은 삶의 굴곡에 대처하기 위해 자신의 가치관을 확인하고, 그러한 가치관과 조화를 이루는 행동을 선택하고, 마음챙김, 인식과 수용이라는 전략을 사용하도록 도움받는다. 또 그들은 이러한 가치를 실천하는 데 열정적이고 지속해서 관심을 갖도록 적극적으로 격려받는다.

여정을 즐기기

이렇게 가용한 다양한 심리적 개입 방법들을 감안할 때, 삶의 의미란 결코 이룰 수 없는 단지 진부한 표현이 아니다. 우리는 우리에게 중요한 주제들을 탐구할 수 있는 많은 선택지가 있다. 이러한 탐구 과정에서 의미

---

7) Steven C. Hayes (2004). Acceptance and Commitment Therapy, Relational Frame Theory, and the Third Wave of Behavioral and Cognitive Therapies, Behavior Therapy, 35, pp. 639–665.

를 형성하는 데 결정적인 국면은 목적의 발견일 것이다. 목적을 발견하는 것은 단순히 나중에 생각할 일이 아니다. 만약 목표나 목적이 없다면, 우리의 삶은 결코 의미를 갖지 못할 것이다.

1장에서 언급한 바와 같이, 목적이 있다는 것은 가치 있는 일을 하고, 중요한 일에 참여하는 것을 의미한다. 목적은 삶의 결정을 이끌고, 우리 행동에 영향을 미치며, 목표를 형성하고, 방향 감각을 제공하고 우리가 의미를 만들도록 돕는다. 즉 의미는 목적의 종결과 관련이 있다. 앞서 말한 바와 같이 시간의 흐름상 과거에 묶여 있는 의미와는 반대로 목적을 찾는 것은 미래 지향적인 활동이다. 그러나 목적을 찾는 것은 몇 일, 몇 주, 몇 달 안에 할 수 있는 일이 아니다. 그것은 한 번에 한 걸음만 내딛을 수 있는 평생의 여정이 될 것이다. 그러나 삶의 목적을 발견하는 것은 더 의식적이고 의미 있는 삶을 살기 위한 첫걸음이다.

우리는 또한 살면서 한때 우리에게 의미 있었던 것이 시간이 지남에 따라 변한다는 것을 발견할 수도 있다. 인생의 여정 중 우리가 한때 우리의 목적으로 인식했던 것이 개인적인 경험의 변동과 우선순위의 변화에 따라 바뀌고 달라질 수 있다. 앞에서도 언급했듯이, 의미는 우리의 과거에 대한 기억과 현재 상황에 대한 이해에 크게 기반하여 우리에게 일체감, 현실적응, 분별력을 주게 된다. 흔히 우리는 과거 사건에 대한 기억을 수정하거나 재평가하고 이러한 과거의 기억을 현재의 경험과 미래의 가능성과 연결함으로써 의미를 찾는다(만들어낸다). 현재와 원하는 미래 사건 사이의 이러한 연결이 우리의 현재 행동을 이끈다. 의미와 목적은 밀접하게 관련되어 있기는 하지만 상호 개별적인 개념으로서 '좋은' 또는 의미 있는 삶이라는 더 포괄적인 개념을 형성하기 위해 서로를 토대로 삼는다.

우리에게 의미 있는 것을 발견하는 것, 즉 목적 의식을 갖게 되었다고 해서 모든 문제가 사라지는 것은 아니지만 적어도 우리는 삶에서 얻고자 하는 것에 대한 개념은 얻게 될 것이다. 우리에게 더 확실한 목적 의식이 있을 때, 우리는 올바른 목표와 계획을 세울 수 있다. 우리는 우리의 신념 그리고 가치와 일치하는 삶을 살 수 있을 것이다. 우리는 진정으로 살 수 있게 된다. 우리는 중요한 것과 중요하지 않은 것을 구별하고 정말 중요한 것들에 우리의 에너지를 집중할 수 있다. 우리가 무엇이든 중요하다고 생각하는 것을 추구할 때, 자신에게 활력을 불어넣고 최선을 다할 것이다.

나는 어떤 사람들에게는 그들이 정말 열정을 보이는 것이 무엇인지, 그들이 진정으로 살아있다고 느끼게 하는 것이 무엇인지 파악하는 것이 쉽지 않다는 것을 안다. 그러나 나는 어떤 사람들에게서는 삶의 목적과 열정이 늘 명백한 것도 보아왔다. 이 사람들에겐 자기 재능을 인식하는 것이 어렵지 않다. 그들은 운이 좋다. 그들은 자신이 잘하는 것과 가진 재능, 그리고 자신에게 에너지를 주는 것을 쉽게 식별한다. 그들은 또한 이 재능을 연마하면서 큰 즐거움을 얻는다. 독일의 작가이자 정치가인 요한 볼프강 폰 괴테Johann Wolfgang von Goethe는 "사용하라고 주신 재능을 가지고 태어난 사람은 그것을 사용할 때 가장 행복하다."라고 말했다. 그러나 매우 특별한 선물을 받는 경우는 드물다. 신동Wunderkinder은 극소수이다. 그런데도 우리는 대부분 우리에게 에너지를 주고, 더욱 살아있음을 느끼게 하는 활동에 관심을 두며 끌리게 된다. 게다가 우리가 즐기는 일을 하는 것, 즉 그런 활동에 참여하는 것은 우리에게 통제감을 준다. 꾸준한 연습을 통해 우리는 즐거움을 주는 일을 더 잘할 수도 있다. 이러한 활동들은 또한 우리에게 성취감을 주기도 한다 결국 우리가 잘하는 무엇이든지 의미 있고 만족스러운 일로 발전할 수 있다. 다른 사람들은 가족이나 친구에 대한 책임을 지는 데서 목적을 찾을지도 모른다. 그들에게는 공동체가 가장 중요하다. 그리고 우리는 영성이나 종교적인 신념을 통해 의미를 찾아 볼 수도 있다. 다시 말하지만, 삶의 모든 측면에서 자신의 목적이 분명히 드러나는 삶을 사는 사람들이 있다. 의미를 향해 가는 길에서 갖게 되는 우리의 목적이 무엇이든, 그것은 우리 각자에게 독특한 여정이 될 것이다.

인생의 여정은 목적지에 관한 것이 아니라 탐험에 관한 것이다. 그 여행 중 어떤 아름다운 길들은 오직 우리가 길을 잃었을 때만 발견할 수 있을 것이다. 그 길에는 필연적으로 장애물이 있다. 우리가 맞닥뜨리게 되는 어떤 상황은 우리를 기쁘게 하지만 또다른 상황은 우리 마음을 아프게 할 것이다. 그러나 이러한 암흑기는 개인의 인식 지평을 넓히기 위해서 필수적이다. 슬픔과 상실감으로 우리는 삶에 대해 더 감사하게 된다. 인생에서 실수하지 않는 유일한 방법은 아무것도 하지 않는 것인데 이는 결국 가장 큰 실수가 될 것이다. 따라서 인생의 구불구불한 길을 걸어가면서, 우리는 올바른 삶의 방식과 인생을 의미 있게 만드는 것을 발견하기까지 많은 시련을 겪을 수 있다. 하루를 마칠 때, 하루를 보낸 여정 외에는 남은 것이 아무것도 없을지도 모른다. 왜냐하면 우리의 목적지가 순전히 환상이었던 것으로 드러날 수도 있기 때문이다. "여정이 전부일 뿐 끝은 아무것도 아니다."가 이 여행을 하는 우리의 구호가 되는 것은 당연한 일이다.

반복해서 언급했듯이, 우리가 찾는 답을 발견하는 유일한 방법은 우리 자신에 대해서 더 깊이 모험을 하는 것이다. 이 내면의 여정은 우리에게 새로운 생각, 아이디어, 희망을 줄 것이다. 그러나 이 여정이 우리 인생에서 감당해야할 가장 힘든 시간이 될 수 있다는 사실에 놀라지 마라. 그런데도 이 내면 여행을 하는 동안 우리는 우리를 웃게 만드는 것을 찾아내어 그것을 더 많이 해야 한다. 우리를 슬프게 하는 것도 찾아내어 그것은 더 적게 해야 한다. 애벌레가 나비로 날아오르기 전에 고치 안에서 극적인 변화를 겪어야 하듯이 이 내면의 여정은 대단히 변혁적인 영향을 일으킬 수 있다.

11
방법을 찾아서

> 우리는 삶의 의미를 배우기 위해 자신을 돌아보아야 한다.
> 그것은 발견되는 것이 아니라 만들어지는 것이기 때문이다.
> – 앙투안 드 생텍쥐페리 Antoine de Saint-Exupéry

> 사람들은 자신이 하는 일에 비용을 지불하고 자신에게 허용한 모습에 대해서는
> 더 많은 비용을 지불한다. 그런데 그들이 지불하는 방식은 매우 간단하다.
> 그것은 바로 그들이 살아가는 삶이다.
> – 제임스 볼드윈 James Baldwin

책의 시작에서 등장했던 테드가 처한 딜레마를 다시 한번 살펴보면, 우리는 어떻게 그의 실존적 불안이 그로 하여금 무엇이 삶의 의미를 가져다주고 무엇이 그에게 정말 중요한 것인지 찾아보도록 동기를 부여했는지 확인할 수 있었다. 테드가 그의 존재의 의미에 의문을 가지게 된 것은 그가 경험한 공허함 때문이었다. 그의 도전 과제는 무에서 유로 가는 방법을

찾는 것이었다. 삶의 유한성에 대한 그의 불안은 진정성, 통제력, 능력, 소속감, 목적, 공동체 그리고 의미를 찾는 출발점이 되었다. 그것은 그가 이전에는 질문할 용기를 갖지 못했던 그리고 의식에서 밀어냈던 것들에 대해 질문하도록 도왔다. 역설적이게도 테드의 실존적 위기는 자신에 대해서 더 큰 통찰을 얻을 수 있게 해주었다. 그것은 그에게 무엇이 자기 삶을 의미 있게 만들고 더 살 만하게 해주는지 발견하도록 이끄는 탐험 여행의 출발점이 되었다. 실존적 불안감으로 인해 그는 자기 삶에 대한 책임을 지고 의미 있는 행동을 취할 수 있었다.

테드의 티핑 포인트tipping point는 시간을 내어 자신에게 남은 유일한 진짜 친구와 함께 산에서 주말을 보내기로 한 결정이었다. 친구와의 격렬한 대화는 스스로 갇혀 있는 감옥에서 탈출하는 데 도움이 되었고 상황을 재구성할 기회를 주었다. '바쁜' 일상에서 떨어져 있는 시간은 그가 다른 관점에서 바라볼 수 있게 하였다.

테드는 인간이 처한 상황의 비참함, 특히 그가 가진 허무함과 죽음에 대한 두려움에 빠져 있는 것은 그다지 건설적이지 않다고 결론지었다. 그는 인간이 결코 죽음의 현실에서 벗어날 수 없지만, 사는 동안 우리는 재능을 사용하여 의미를 만들어낼 수 있다는 것을 깨달았다. 피할 수 없는 죽음에 대한 불안을 변화시키는 방법이 있다. 세우고, 사랑하고, 창조함으로써 우리는 삶을 개인적인 모험으로 바꿀 수 있다.

테드는 자기 삶에 의미를 주는 모든 것이 단지 우연히 그에게 오지 않는다는 것을 깨달았다. 그는 자신의 삶을 통제하고 스스로 선택해야 했다. 두려움에서 빠져나오는 것은 오직 그에게 달려 있었다. 의미를 창조하는 것은 그의 몫이었다. 소속감을 만드는 것도 그의 책임이었다. 그러나 이 모든 것을 하기 위해서 그는 자신의 삶을 정직하게 바라볼 필요가 있었다. 여러 면에서 죽음은 삶의 진정한 의미를 비추는 거울과 같다. 거울은 테드에게 그의 고통과 기쁨, 실망과 바람을 보여주었다. 자신을 들여다봐야만 우울한 생각, 실망, 후회, 불안 그리고 외로움을 이겨낼 수 있다. 거울에 비친 모습은 그가 진짜 자신을 받아들이는 데 도움이 될 것이다. 그는 오직 자기 수용을 통해서만 진정으로 살아 있음을 느낄 것이다.

테드는 너무 오랫동안 자신의 삶에서 실제로 일어나고 있는 일에 주의를 기울이지 않았다. 그는 자신의 일을 싫어하고, 결혼 생활이 불안정하며, 대부분 친구들을 소외시키고 있었다는 사실을 보고 싶지 않아 눈을 감고 있었다. 직장에서 성공을 거두었고 여전히 아내와 어느 정도 우호적인 관계를 유지했지만, 이것으로는 그의 정서적 공허함을 해소하기에 충분하지 않았다. 그는 자신에게 정직하지 못했으므로 진정성, 공동체, 의미에 대한 걱정이 더욱 악화되었다. 그러나 과거는 과거였다. 현재는 사뭇 다르게 느껴졌다. 현재는 행동을 촉구했다.

테드는 그의 실존적 불안으로 말미암아 삶의 현실에 더 개방적으로 되었다. 그가 자신에게서 발견한 정서적 공허함은 자신에게 거짓말을 하지 않기로 결정하고 삶을 더 잘 통제할 때가 되었음을 깨닫게 했다. 동시에 그는 자신의 존재적 위기에 긍정적인 면이 있음을 인식했다. 그것은 그를 안락한 지대에서 밀어냈고 그의 현재의 상황을 재구성하는 데 도움을 주었다. 또한 자유의지가 있더라도 그가 무엇을 추구하든 그것을 통제하는 것은 그에게 달려 있다는 것도 깨달았다. 삶에 목적, 가치, 의미를 부여하는 것 그리고 자기 삶에 대한 단순한 관찰자가 아니라 참여자가 되는 것은 그에게 달려 있었다. 그렇지만 그가 자기 삶에서 의미 있는 무언가를 만들고 인생을 충만하게 살고 싶다면, 다시 말하지만, 모든 것이 그저 표류하지 않도록 하는 것은 오직 그에게 달려 있었다. 그의 주된 도전 과제는 인생이 부조리하더라도 포기하지 않고 인내하면서 자신을 새롭게 하는 다양한 방법을 찾는 것이었다. 무의미함에 대한 절망적인 감정을 충만한 의미로 바꾸는 것은 그에게 달려 있었다.

테드는 우리가 도망치는 것을 멈출 때에야, 자신에게 더 가까이 다가가게 된다는 것이 우리 인생의 역설 가운데 하나임을 알아냈다. 즉 우리가 살아 있는 동안에는 죽어가는 것을 피해야 하는 것이다. 이를 염두에 둔 채 몇 가지 실험을 거친 후 테드는 자기 계발과 같은 활동(그의 경우 인근 대학에서 항상 관심을 두고 있던 분야의 박사 학위를 위해 공부하는 것)을 하고, 친구 및 가족과의 유대를 회복하며, 지역 사회 활동과 영적인 문제에 시간을 할애하는 것이 그가 진정으로 살아 있음을 느끼게 하는 것들이라고 결론지었다. 이러한 활동들이 그에게 에너지를 주었다. 친구의 추천으로 그는 리더십에 대한 내 모듈 방식의 워크숍에 참여하기로 결정했는데, 그것은 개인의 회복에 대한 주제를 다루는 세미나였다. 그 프로그램의 첫 번째 모듈을 마친 뒤 그는 나에게 다음과 같이 이메일을 보내왔다.

> 워크숍 첫 주에 지적으로 자극이 되고 정서적으로 직면하게 하며 무엇보다 깊은 자기 성찰과 감히 말하건대 자기 발견을 위한 시간을 갖게 해주는 환경 가운데 참여하면서 저는 이례적인 학습 경험을 하였다고 말씀드리고 싶습니다.
> 제가 개인적 여정 가운데 있을 때 발견한 아주 흥미로운 점은 주를 거듭하면서 그 모임의 행동 양식이 발전되고 모임의 역동과 개인들의 태도가 변화하는 모습이었습니다. 더욱 흥미로운 사실은 제가 그룹을 관찰하기

위해 한 발 뒤로 물러나 있을 때 저는 지난 20년이 넘는 시간보다 제 자신에 대해, 특히 제가 사람들과 그룹의 상황을 어떻게 대하는지에 관해 더 많은 것을 배웠다는 것입니다. 게다가 저 자신에 대한 많은 불편한 진실도 발견하게 되었습니다.

저는 또한 동료 참가자들의 사례 발표를 통해 사람을 기능하게 만들어 주는 것에 대해서도 많이 배웠습니다. "당신이 그들을 더 잘 알게 될 때까지 모든 사람은 평범하다."란 말씀은 정말 제 뇌리에 각인되었습니다. 다양한 사례들을 들어보니 그 말씀이 맞았습니다. 함께 참가한 사람들이 들려준 이야기를 통해 저는 그들의 성격에 대해 훨씬 더 깊이 이해하게 되었습니다. 저는 우리가 모두 얼마나 다양하고 서로 다른지 알게 되었습니다. 동시에 우리는 또한 꽤 유사하다는 것도 분명해졌습니다. 우리는 대부분 비슷한 문제를 해결해야 합니다. 저는 사람들에 관해 안다고 생각했지만, 그 워크숍에 참석한 한 주는 저를 훨씬 더 깊은 차원으로 인도했습니다. 저는 제가 배운 것을 말로 설명하기가 매우 어렵다는 것을 말하고 싶습니다. 그것은 어떤 느낌 이상의 것이었습니다.

저는 다른 사람들에게서 저 자신의 모습을 매우 많이 발견했다고 덧붙이고자 합니다. 그것은 "맙소사, 저건 나야!", "그건 또 저런 상황에서 나타날 내 모습이군.", 또는 "난 왜 그렇게 행동했지?"라는 전율스러운 깨달음을 주었습니다. 그렇지만 안전한 환경 덕분에 저 자신을 제3자로 바라보지 않고 이러한 서로 다른 상황에서 자신을 들여다 볼 수 있었습니다. 그것은 마치 제3자가 이러한 다양한 상황에서 '저'를 관찰하는 것 같았습니다. 이로 인해 저는 놀라운 데자뷰 déjà vu 순간을 여러 번 경험했습니다. 다양한 개입의 가치를 일단 깨닫고 나니, 그룹 활동의 역동이 어떻게 저에게 독특한 학습 경험을 줄 수 있는지 이해하게 되었고 제가 완전히 몰입할 수 있다는 것을 발견했습니다. 그렇게 할 수 있었던 것은 당신이 만드는 분위기가 아주 안전하다고 느껴졌기 때문입니다.

테드는 변화를 향한 여정의 첫 단계로 결혼 생활이 자신에게 중요하다고 결론내렸지만 회복할 시간이 부족함을 깨달았다. 그는 정말로 회복을 위해 노력해야 할 것이다. 그는 또한 너무 오랫동안 소홀했던 그의 우정을 위해 노력하기로 결심했다. 그가 내린 또 다른 중요한 결정은 회사를 그만두는 것이었다. 그는 그에게 에너지를 주는 것이 무엇인지, 즉 어떤 활동이 그에게 기쁨을 주는지 다시 살펴볼 필요가 있었다. 이제는 변화를 위해 다른 것을 선택할 시간이 되었다.

이 모든 결정을 통해 테드는 고비를 넘어 절망에서 희망으로 돌아섰다. 그가 나중에 가장 바닥이었다고 묘사할 수도 있는 지점까지 내려간 다음, 그는 다른 사람들과 의미 있는 관계를 맺고, 더 큰 공동체에 참여하며 그리고 그가 진정으로 의미 있다고 여기는 활동을 추구할 수 있을 때에만 그가 편안하고 자연스럽게 느끼게 될 것이라는 점을 알게 되었다. 그는 그가 정말로 사랑했던 것(그리고 아주 잘했던 것)은 다른 사람들을 북돋아주는 것이었다는 사실을 깨달았다. 그는 사람들이 성장하고 발전하도록 돕는 것을 좋아했다. 멘토링을 통해 그는 살아있음과 진정성을 더욱 느꼈고 에너지를 얻었다. 그들은 그가 가치 있다고 느낄 수 있도록 해주었다. 이런 일들을 시작함으로써, 테드는 아무리 작더라도 그가 차이를 만들고 있다는 느낌을 받았다. 이러한 관점의 변화는 시간이 얼마 없다는 생각이 주는 자기애적 손상에 대처하는 효과적인 방법으로 드러났다. 결국 테드는 장애 아동들의 교육을 목표로 하는 소규모 NGO에 참여하기 위해 회사의 지분을 매각하기로 결정했다. 이것은 의미를 만들어내며 좁고 개인적인 이해를 초월하는 그의 방법이었다.

테드의 사례를 생각하면서 이제 우리는 각자 더 의미 있는 삶을 만들고 주변 세상에 관해 좀 더 관심을 기울이기 위해 우리가 할 수 있는 방법들에 대해 더 좋은 아이디어를 가지고 있을지도 모른다. 그리고 우리는 지금 우리가 존재의 이유를 발견할 때 어떻게 살 것인가가 뒤따르게 될 것이라는 말이 진실임을 인정하게 될 것이다. 이에 나는 의식적으로 의미 있는 삶을 설계하기 위해 우리 각자가 할 수 있는 일이 무엇인지 질문하고자 한다.

우리가 의미를 경험하는 방식에 영향을 미치는 '존재'의 다섯 가지 기둥들이 있는데 그것들은 소속감, 목적, 능력, 통제, 초월이다. 이 모든 것들은 이 책 전반에 걸쳐서 다루어졌다. 나는 이 다섯 개의 기둥을 묶어 '진정한authentizotic' 지향점이라고 부른다. 이 표현은 두 그리스어 authentikos(진정성)과 zootikos(생명에 필수적인)을 결합한 것이다. Authentikos는 효율성, 유능감, 자율성 및 창의성에 일조하는 마음의 상태와 생활 방식을 의미한다. Zootikos는 균형, 헌신, 완전성 및 탐험에 대한 우리의 필요가 충족되는 방식을 설명한다([그림 11.1] 5개 기둥에 관한 개요 참조).

또 고객이 의미를 구성하는 다섯 가지 차원을 얼마나 효과적으로 다루는지 평가할 수 있도록 돕기 위해서 나는 '삶의 의미 설문지'([그림 11.2] 참조)를 고안했다. 그것은 그들이 노력해야 할 다섯 가지 기둥에 대해 빠른 평가를 하기 위한 것이다. 뒤이어서 왜 그런 결과를 얻었는지에 대해, 즉 고객들에 대한 모든 것을 이해하기 위해 철저한 분석이 이어진다.

실존적 도전들

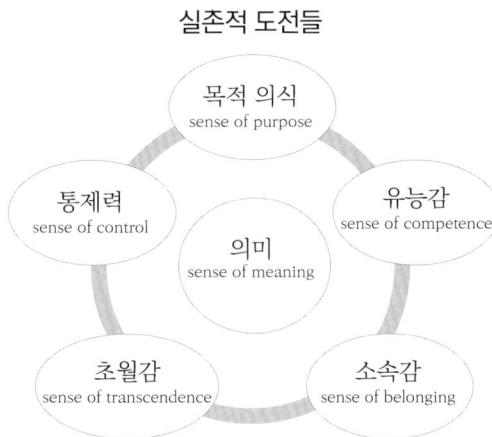

[그림 11.1] 실존적 도전들

p__ 나는 매우 목적 있는 삶을 살고 있다.
c__ 내 삶은 흥미로운 학습 경험으로 가득 차 있다.
b__ 다른 사람들과의 교류는 내게 많은 즐거움을 준다.
co__ 인생에서 무엇인가 이루는 것은 나에게 달려 있다.
p__ 나는 매일 맞이하는 새롭고 흥미로운 도전을 기대한다
c__ 나는 내가 하는 일을 굉장히 즐긴다.
co__ 나는 자유롭게 어떤 삶의 선택이든 할 수 있다.
b__ 나는 매우 만족스러운 인간 관계를 가지고 있다.
t__ 죽음에 이르렀을 때, 나는 내가 매우 가치 있는 삶을 살아왔을 것으로 믿는다.
c__ 나는 무엇을 하든 완전히 몰입할 수 있다.
b__ 나는 가족, 친구들과 매우 가까운 관계를 유지한다.
co__ 나는 내 삶을 아주 잘 관리하고 있다고 느낀다.
p__ 나는 항상 매우 효과적으로 인생 목표를 추구해왔다.
t__ 나는 다른 사람들을 도울 때 많은 기쁨을 느낀다.
t__ 나는 나보다 더 큰 문제들을 다루는 데 적극적으로 참여한다.

```
7 - 적극 동의함
6 - 동의함
5 - 약간 동의함
4 - 동의하지도 동의하지 않는 것도 아님
3 - 약간 동의하지 않음
2 - 동의하지 않음
1 - 강하게 동의하지 않음
```

[그림 11.2] 삶의 의미 설문지

평가

당신의 답변들을 합산하라. 점수 범위는 15(최저)에서 105까지(최대)이다. 높은 점수는 당신이 많은 심리적 자원과 강점을 갖고 있음을 나타낸다. 낮은 점수는 의미의 다양한 차원에서 작업이 이루어져야 함을 시사한다. (b=소속, p=목적, c=역량, co=통제, t=초월)

우리의 이야기

의미 있는 삶을 만들기 위해서는 이 다섯 가지 기둥들이 잘 엮여 강력한 개인의 이야기가 만들어져야 한다. 우리는 인생 여정에서 우리의 역할을 설명할 수 있어야 한다. 스토리텔링은 우리가 생각하는 방식을 반영한 인간이 타고난 욕구이다. 우리의 이야기와 말하는 방식은 우리가 누구인지 드러내고 우리 자신의 중요한 부분이 된다. 우리 이야기를 할 수 있는 능력은 우리가 무엇을 하든 실현할 수 있도록 도움을 줄 것이다. 이야기는 우리에게 방향 감각과 목적을 준다. 말할 가치가 있는 이야기가 담긴 삶을 만드는 것이 우리의 도전 과제이다.

또 우리가 하는 이야기는 갑자기 만들어지는 것이 아님을 기억해야 한다. 그것은 우리의 가장 중요한 경험들을 기반으로 하며 우리에게 정체성을 준다. 우리들은 이야기꾼이 되어 영웅과 악당, 우리를 도왔거나 방해했던 사람들, 이야기의 구성을 결정짓는 주요 사건들, 그리고 우리가 극복한 도전들과 견뎌낸 고난들을 담아 자신의 개인적 신화를 만들어낸다.

대체로 이야기를 할 때, 우리는 인생에서 가장 좋은 일과 나쁜 일에 초점을 맞출 가능성이 크다. 이것들은 우리가 이해할 필요가 있는 경험들이며 무엇이 우리를 형성해 왔는가를 아는 데 도움이 되는 시련과 고난이고 우리에게 정말 중요한 것이 무엇인지 알려주는 것들이다. 우리 삶의 이질적인 부분을 취하여 일관된 서술로 결합하는 것은 우리가 삶을 전체적으로 이해할 수 있게 한다. 그리고 우리의 개인적인 이야기들은 우리의 정체성을 형성하기 때문에 우리를 우리 자신보다 더 큰 어떤 것에 속하게 한다. 우리는 우리의 이야기를 하면서 우리가 더 큰 존재의 일부라는 것을 깨닫는다. 우리는 우리의 이야기를 유산이라는 측면에서 미래 세대에 대한 선물로 보아야 한다.

게다가 이야기는 과거와 현재를 미래로 연결하는 데 도움이 된다. 우리의 이야기를 말하면서 우리 자신을 변화시키고, 자신의 자취에 대해 배우며, 우리의 경험들을 넘어서기 위해 그것들을 되짚을 수 있을 것이다. 스토리텔링은 또한 평소보다 더 멀리 볼 수 있도록 시야를 넓히는 데 도움이 된다. 그것은 한때 우리를 제한했을 수도 있는 이야기를 넘어서서 행동할 수 있는 기회를 주고 잠재력을 최대한 발휘할 수 있도록 도와준다. 우리의 이야기가 발전하는 방식은 우리의 모든 경험과 선택에 의미를 줄 것이다.

우리가 이야기를 하는 동안 우리의 의미 만들기는 다른 사람들에게 반향을 일으킬 수 있다. 그리고 테드가 참여한 워크숍에서 일어난 것처럼, 여러 사람이 이야기들 사이에서 공통된 관계를 엮어낼 때 훨씬 더 중요한 의미가 만들어진다.

우리가 다른 사람들에게 하는 이야기가 우리가 의식하지 않아도 우리 삶에 내재된 측면을 포함할 수 있다는 점은 때때로 주목받지 못한다. 다시 말하면, 이러한 무의식적 측면을 의식화하는 것이 우리의 과제가 될 것이다. 이런 종류의 활동은 무의식적 행동을 탐색하는 매우 효과적인 방법이 된다. 사실 스토리텔링은 다른 사람들에게 의미를 전달할 뿐만 아니라 의미에 대한 탐색 과정에서 잘 드러나지 않는 내용을 발견하는 주요한 방법이 될 수 있다.

스토리텔링의 힘은 왜 서술의 과정인 일기 쓰기와 타인과의 친밀한 대화가 그렇게 강력하게 우리 마음을 정리해주는 효과가 있고 육체의 건강에도 긍정적 영향을 미치는지 설명해준다. 일기를 쓰면 우리는 단순히 반응하기보다는 내면의 압도적인 정서를 표현할 수 있고, 사고 패턴을 관찰할 수 있다. 일상의 작은 부분을 기록하는 것은 우리가 좀 더 안정적이고 연결되어 있다는 느낌을 받는 데 도움이 된다. 우리는 자신의 발자취를 더 잘 헤아리고, 우리 과거의 전후관계를 잘 고려하여 이전에는 납득할 수 없었던 경험들을 받아들일 수도 있다. 그러므로 글을 쓰는 것은 우리의 문제들, 두려움들, 그리고 걱정들에 대한 우선순위를 정하는 데 도움이 된다. 또 그것은 우리가 시간의 흐름에 따른 패턴, 추세, 개선 그리고 성장을 추적할 수 있게 해준다.

우리는 모두 우리 삶의 중요한 사건과 순간에 대한 고유한 서술 방법을 찾아야 한다. 그리고 우리 이야기를 외부에 전달하는 방법은 내면에서 진화하고 있는 이야기와 일치해야 한다. 균열은 진정성을 훼손할 뿐이다.

초월

인생은 멋진 성관계를 갖거나, 저택을 소유하고, 멋진 차를 운전하거나, 요트를 가지는 것 이상이며, 아직 이 점을 확신하지 못하는 사람들은 빠르게 깨닫는 것이 더 좋을 것이다. 우리는 그런 물질주의를 넘어서기 위해 노력해야 한다. 나는 충만하고 의미 있는 삶을 사는 것이 우리가 어떻게 사회 공동체, 가족과 연결되고, 어떻게 사회에 쓸모 있는 기여를 하는지 그리고 다른 이들에게 도움이 되기 위해 어떻게 다양한 방식으로 자기 계발에 참여하는가에 달려 있다고 이 책 전반에 걸쳐 강조해왔다.

앞서 말했듯이 이러한 자기 계발 과정이 우리가 어떤 거창한 의미를 찾아야함을 뜻하는 것은 아니다. 의미를 만드는 과정은 우리 자신보다도 더 크고 우리 주변 사람들보다 더 큰 것을 하나 또는 두 개 찾는 것으로 요약할 수 있다. 노벨 평화상을 받는 사람은 결국 몇 명이나 될까? 넬슨 만델라 같은 사람이 몇이나 되겠는가? 그렇지만 우리 각자는 비록 소소할지라도 우리가 이 땅에서 머무는 시간 동안 최선을 다하기 위해 노력할 수 있다. 분명히 삶의 목적과 목적을 의미로 바꾸어 주는 것은 긍정적인 영향을 미친다. 그러므로 우리는 가능하다면, 매일 우리 자신을 포함하여 누군가의 삶에 변화를 주기 위해 노력해야 한다. 의미를 만드는 활동에 참여함으로써 우리 각자는 이 세상에 작은 차이를 만들어낼 수 있다. 그 활동들은 예를 들어, 친구에게 조언을 하고, 다른 사람들이 즐길 수 있는 예술적 시도에 참여하고, 학생들이 문제를 해결하도록 돕고, 또는 단순히 다른 사람의 삶에 약간의 기쁨을 주는 것과 같이 다양한 형태로 이루어질 수 있다. 그리고 이 모든 일을 하면서 우리는 스스로 행복한 순간을 만들어야 한다. 딸기를 즐기는 것도 꿀을 핥는 것도 전혀 문제가 되지 않는다.

'몰입' 찾기

의미 만들기를 추구하면서 어느 날 아침 일어나 갑자기 우리가 인생에서 무엇을 해야 하는지 정확히 알게 되는 '유레카'의 순간을 기대할 수는 없다. 우리는 오직 시행착오를 통해서만 우리에게 의미를 주는 것이 무엇인지 발견할 수 있을 것이다. 그 지점에 도달하려면, 나는 무엇을 하는 것을 좋아하는가, 내가 쉽게 하는 것은 무엇인가, 무엇이 나를 몰입하게 하는가와 같은 여러 질문을 자신에게 물어야 한다.

몰입 경험은 시간이 가는 줄도 모를 정도로 당면한 일에 완전히 집중할 때 발생한다. 우리는 모두 몰입감을 느껴본 적이 있지 않은가? 우리는 모두 몇 분이 몇 시간으로 바뀌고 몇 시간 뒤 "시간이 벌써 이렇게 됐다는 것이 믿어지지 않아."라고 말할 정도로 어떤 활동에 매우 집중한 적이 있지 않은가?[1] '몰입' 상태에 있을 때, 우리는 다른 생각으로 빠지지 않는

---

1) Mihaly Csikszentmihalyi (2008). Flow: The Psychology of Optimal Experience. New York: Harper Perennial Modern Classics. 『몰입Flow: 미치도록 행복한 나를 만나다』 최인수 옮김. 한울림

다. 우리는 최적의 성능을 발휘하게 된다. 우리가 그런 심리 상태에 있을 때는, 다른 어떤 것도 중요하지 않다. 목표와 보상은 분명하다. 그것은 마치 우리에게 직접적인 피드백 경로가 있어서 스스로 얼마나 잘하고 있는지 아는 것과 같다. 우리가 몰입 상태에 있을 때 시간은 무의미하다. 우리가 무엇을 하든지 당면한 일을 통제하고 있다고 느끼기 때문에 그것은 힘들지 않고 쉬워진다.

만약 당신이 진정으로 살아 있다고 느끼고 당신이 할 수 있는 최선의 상태가 되는 몰입을 경험했다면, 어떤 상황과 조건 가운데에서 발생했는지 살펴보아야 한다. 설사 그것이 땔나무를 패는 것과 같은 일이라도 말이다. 두뇌의 이성적인 부분은 그것이 무의미하다고 생각할 수 있지만, 몰입 상태는 중요한 숨겨진 의미를 가지고 있을 수 있다.

우리가 자신에게 물어볼 수 있는 또 다른 유용한 질문이 있다. 만약 우리가 실패할 리 없다는 것을 안다면 우리는 무엇을 하고 있겠는가? 만약 어떤 일을 하는 데 보수를 받지 못한다면 우리는 무슨 일을 하겠는가? 이러한 질문은 우리가 진정 원하는 위치에 있는지 확인하는 데 도움이 된다. 우리는 올바른 길을 가고 있는가? 정말 우리에게 적합한 일에 시간을 보내고 있는가? 아니면 다른 사람들이 우리에게 원하는 일을 하고 있는가? 나는 우리의 관계들에 대해서도 똑같은 점들을 보게 된다. 우리의 관계는 우리가 원하는 것인가? 그것이 더 깊고, 더 보람 있고, 더 의미 있을 수 있었을까?

의미 있는 삶을 추구하면서 우리는 우리가 대하는 사람들의 부류를 잘 살펴보아야 한다. 우리 주변에 있는 사람들은 우리에 관해 이야기해준다. 우리가 그들을 택한 이유는 무엇인가? 그들이 우리의 몰입감에 더하여 우리에게 에너지를 주는가 아니면 고갈시키고 있는가? 우리는 독소와도 같은 사람들, 즉 우리가 타인에게서 기대하는 점을 찾아볼 수 없는 사람들을 멀리해야 한다. 우리는 우리를 맥빠지게 하는 사람들을 피해야 한다. 우리가 긍정적인 기여에 관심이 없는 사람들에 둘러싸여 있으면서 열정과 목적 의식을 갖는다는 것은 필경 어려운 일이다. 부정적인 사람들과 덜 어울릴수록 우리는 더 성공적으로 의미를 추구할 수 있다. 그 대신, 우리가 최상의 상태에 있을 수 있도록 도움을 주는 사람들은 반드시 찾아야 한다.

이러한 모든 요소를 염두에 두고 보면, 우리는 어떤 사람들은 인생의 여정 중 단지 잠시 동안만 우리와 함께 한다는 것을 알게 된다. 다른 사람들은 우리와 함께 성장하면서 계속해서 우리 삶에 의미를 가져다줄 것이다. 분명히 의미 있는 삶을 사는 사람들을 우리 곁에 둔다면 우리는 비슷한 것을 해내도록 영감을 받을 것이다. 우리는 우리 삶에 꿈꾸는 사람과 행동하는 사람 둘 다 필요하다. 그들은 특히 우리가 아직 자신의 능력을 인식하지 못할 때 우리 재능을 인정해주는 사람들이다.

'은밀한 동기부여자'를 주목하라

출생과 죽음에 대해 그 사이에 있는 시간을 누리는 것 외에는 우리가 할 수 있는 일은 없다. 우리는 모두 이 두 미지의 순간 사이에서 살아간다. 그러나 마지막 때에 다다랐을 때 우리는 '나는 시간을 낭비하지 않았어. 순순히 포기하지 않았다고.'라고 말할 수 있어야 한다. 우리는 우리가 더는 존재하지 않는 상황을 상상함으로써만 우리의 존재에 있어서 가장 중요한 것이 무엇인지 알 수 있다. 죽음으로 인해 우리의 삶은 희소한 것이 되고 우리가 시간을 들여 하기로 선택한 어떤 활동이든 의미와 가치를 갖게 된다. 죽음은 은밀한 동기부여자이며 우리는 그것에 주의를 기울여야 한다.

시간이 너무 많으면 그것이 무의미해지듯이 우리는 의미를 주지 못하는 일에 시간을 낭비해서는 안 된다. 세네카Seneca는 "지금 당장 살기 시작하고 매일을 별개의 삶으로 생각하라."라고 했다. 만약 우리가 죽음을 눈앞에 두고서 왜 그런 삶을 살아왔는지 그리고 다시 산다면 무엇을 할 것인지 자문하게 된다면 너무 늦은 것이다. 그 대신 지금 이 자리에서 우리가 할 수 있는 한 가장 충만하고 창의적으로 살기 위해 노력해야 한다. 내가 경험을 통해 배웠듯이 우리가 일단 자신의 불가피한 죽음을 받아들이고 나면, 갑자기 우리는 살아가기에 훨씬 더 자유로워진다. 은밀한 동기부여자는 우리가 인생을 충만하게 살도록 초대하고 우리의 시간을 낭비하지 않도록 경고한다. 우리가 살아가는 삶의 방식에 의미와 깊이 그리고 통렬함을 주는 것은 바로 우리의 죽음이다.

우리는 만약 1년의 시간밖에 남지 않았다면 무엇을 할 것인지 자신에게 물어볼 수 있다. 내 부고는 어떻게 쓰일까? 내가 남기는 유산은 무엇인가? 다시 말하지만 이러한 질문은 우리에게 무엇이 우리 삶에서 진정으로 의미 있는지, 무엇 때문에 공허하게 바쁜지에 초점을 맞추게 한다. 그리고 우리는 그 답을 따라 살아야 한다. 우리가 시간과 에너지를 들여야 할 대상에 대해 성찰하는 동안 우리는 살면서 사랑, 진실, 친절, 상상력과 같은 것들을 얻는 것이 매우 어렵다는 것을 깨닫게 될 것이다. 의미가 없다면, 인생은 진짜 비극이 될 수 있다.

'과감히 실수하고, 과감히 꿈을 꾸어라'

독일의 극작가 프리드리히 실러Friedrich Schiller는 "과감히 실수하고, 과감히 꿈을 꾸어라. 나는 흔히 어린이들의 역할 놀이에서 매우 깊이 있는 의미가 드러남을 목격해 왔다."라고 언급했다. 나도 일을 하면서 비록 감지해 내기 어려울지라도 역할극이 의미를 나타내는 매우 효과적인 방법임을 보아왔다. 흔히 역할극은 우리의 운명이 어떻게 될 것인지에 대한 암시를 담고 있다. 그것은 우리가 진정으로 살아 있음을 느끼게 하는 활동에 대해 무엇인가를 말해준다.

불행히도, 세월이 흐를수록 우리 가운데 많은 사람은 어렸을 때 즐겨 하던 일에 관심을 잃을 수 있다. 우리 가운데 너무 많은 이의 경우 순응해야 한다는 압박감 때문에 열정이 소진되었다. 사회적 기대 때문에 우리는 거짓 자아를 보여주게 된다.[2] 우리가 다른 사람의 지시를 받는 삶을 살 때 자신의 삶의 목적을 찾기란 어려운 일이다. 사람들이 일반적으로 다른 사람들이 심어주는 이상을 따르고 자기 내면의 바람을 따르지 못한다는 것은 새삼스럽지 않다. 너무 많은 사람이 자기 삶의 주도권을 잡지 못한다. 그리고 너무 많은 사람이 그들이 정말로 하고 싶은 것보다 해야 한다고 생각하는 일에 휘둘린다. 우리가 하는 일의 너무 많은 부분이 다른 사람들의 생각에 기반을 두고 있다면 우리는 올바른 방향으로 가지 않고 있는 것이다.

---

2) Donald W. Winnicott (1960). Ego distortion in terms of true and false self. The Maturational Process and the Facilitating Environment: Studies in the Theory of Emotional Development. New York: International Universities Press, Inc., pp. 140-57.

만약 우리가 정말로 원하는 것을 하지 않는 이유가 다른 사람들이 허락하지 않거나 더 심하게는 우리를 조롱하기 때문이라면, 우리는 우리의 상황을 다시 돌아봐야 한다. 자신도 모르게 타인의 삶을 살려고 하고 있을 가능성이 크다. 우리는 이런 일이 벌어지는 것을 막기 위해 우리는 자신이 어렸을 때 즐겨 하던 것을 상기해 볼 필요가 있다. 우리의 꿈과 상상은 우리에게 무엇을 알려주는가? 우리는 언제 어디에서 가장 행복하다고 느끼는가? 그리고 우리가 가장 쉽고 자연스럽게 하는 일이 무엇인가?

무엇이 우리의 진짜 열정인지 확인하고 파악하는 것은 항상 역할에 대한 감각을 통해 시작한다. 역할극을 통해 우리의 삶을 살펴보기 시작할 때, 우리는 우리에게 정말 중요한 것, 우리를 이끄는 것, 특히 우리가 진정으로 살아 있음을 느끼게 하는 것을 알 수 있다. 우리가 우리의 열정을 따를 때 우리는 당연히 안전지대를 떠날 수밖에 없다. 흔히 의미는 알 수 없거나 예측할 수 없는 상황에서 찾게 되기도 한다. 이 발걸음을 내딛는 것은 많은 사람에게 어려운 일일 것이다. 왜냐하면 우리의 가장 큰 적은 안주하는 것이기 때문이다. 우리는 반복적인 일상에 아주 쉽게 고착된다. 우리는 주의를 산만하게 하고 이런 일상에서 못 벗어나게 하는 많은 요건들이 있지만 삶을 진정으로 흥미진진하게 만드는 것은 새로운 일을 시도하는 도전이라는 점을 자신에게 상기시켜야 한다. 다시 말하지만 선택은 우리에게 달려 있다. 때론 선택하는 것이 불안할 수 있지만 우리는 그렇게 할 자유가 있다. 그러나 자기 자신의 삶을 살 것인가가 우리에게 달려 있다는 것을 결코 잊어서는 안 된다. 그리고 우리가 하는 선택에 따라 우리가 의미 있는 삶을 살아갈지 결정될 것이다. 우리가 집중하기로 한 것이 무엇이든 그것이 우리가 앞으로 살아갈 유일한 삶이다.

우로보로스Ouroboros: 내면의 여정

우로보로스는 자신의 꼬리를 먹고 있는 뱀이나 용을 나타내는 고대 상징인데 영원성과 삶, 죽음, 환생의 윤회를 나타낸다. 뱀의 꼬리는 남근을 상징하고 입은 여근이나 자궁을 상징하는 것으로 그것은 영원히 순환되는 환생을 뜻한다. 우로보로스 이미지는 나에게 한 가닥의 붉은 실처럼 이 책의 전반을 꿰뚫는 그 질문을 다시 한번 묻게 한다. 우리가 진정으로 살아있고 산송장처럼 되지 않으려면 어떻게 우리 자신을 재창조해야 할까? 이제는 분명해진 그 질문에 대한 대답은 의미 추구이다. 그렇지만 의미는 당연히 찾을 수 있는 것이 아니라는 것도 분명해졌을 것이다.

  우리 삶에 깊이와 의미가 있기를 원한다면, 우리는 현존하며, 충만하며, 의도를 가지고 살아야 한다. 우리는 우리의 존재 이유가 무엇인지 알기 위해 의식적으로 노력해야 한다. 나는 이 책을 통해 이것은 내면의 여정을 떠날 준비가 되어 있다는 것을 의미한다고 강조해왔다. 그것은 우리 내면의 악마들을 마주하고 우리의 행동들을 설명해주는 강점, 약점, 가치관 및 신념들을 알아가는 과정이다. 이 내적 여정을 통해 우리는 스스로의 의미 지도를 만들 수 있다. 반대로 만약 우리가 반응적인 입장을 취하면서 단지 기다리기만 한다면, 우리는 답을 얻지 못할 것이다. 다시 말해 우리가 세상을 움직이거나 그렇지 않으면 세상이 우리를 움직이게 할 것이다. 우리가 세상에 태어난 이유를 보여주지 않으면, 세상이 우리가 태어난 이유를 보여줄 것이지만 우리는 우리가 보게 되는 것을 반드시 좋아하지는 않을 것이다.

가이드 찾기

실존적 위기를 인식하고 해결한 테드의 경험은 이전 내용에서 우리가 따라가던 또 하나의 붉은 실오라기였다. 테드는 운이 좋게도 내가 진행하는 매우 임상 지향적이고 속성 심리치료 과정인 워크숍에 참여하도록 끌어준 좋은 친구가 있었다. 실존적 위기와 씨름하는 대부분 사람들은 이러한 지원이 필요하며 많은 경우 심리치료사의 도움을 받아야 한다.

인간이 처한 실존적 딜레마를 다루는 대부분 치료적 연구는 지금 여기(특히 심리치료사와의 전이적 관계 내에서)에 초점을 맞춘다. 전이 과정(과거 경험이 미래의 태도나 행동에 미치는 영향)의 큰 영향을 고려할 때, 정신역동을 다루는 심리치료사는 이러한 지나간 삶의 경험에 중점을 둔다.[3] 더 정확하게 말하면, 심리치료사는 시간과 장소에 대한 이러한 혼동을 항상 인식하고 있다. 즉 고객은 마치 어떤 사람들이 자신이 사물을 보는 방식에 영향을 미치는 과거의 중요한 사람들을 대표하는 것처럼 반응할 수 있다. 정신역동을 다루는 심리치료사와 코치에게 전이는 고객의 내면 이야기와 그들의 행동 요인을 더 잘 이해하는 데 도움이 되는 과정이다. 이러한 종류의 심리치료적 교환은 '존재being'뿐만 아니라 '됨becoming'에도 초점을 맞춘다.

정신분석가, 심리치료사 그리고 코치로서의 역할에서 내 과제는 내 고객들이 자신들의 불만 사항에 주인의식을 갖도록 독려하는 것이다. 나는 그들의 존재 방식이 그들이 선택했을 어떤 것이라는 점을 볼 수 있게 해

---

3) Heinrich Racker (2001). Transference and Countertransference, New York: International Universities Press.

주어야 한다. 그렇지만 그들에게는 더 나은 대응 방식, 즉 더 많은 삶의 의미를 찾을 수 있는 길이 있다는 사실도 깨달을 수 있게 도와주어야 한다. 그러나 자기 삶에 대한 주도권을 갖는 것은 그들에게 달려 있다.

내가 도움을 주는 전문가라는 모자를 쓸 때, 나는 내 고객들이 그들에게 정말 중요한 것이 무엇인지 찾고 그들이 자신들 역량 범위와 한계 내에서 세상 가운데 자신을 자리매김할 수 있도록 돕고자 한다. 또 나는 인간의 한계를 설명하는 데 집중한다. 이것은 내 고객이 죽음, 고난, 죄책감, 분노, 후회, 자유, 고립, 외로움, 무의미함에 대한 그들의 염려를 마주해야만 한다는 것을 의미한다. 그들은 실존적 불안과 죄책감을 밀어내기 위해서 인생의 무의미함이 의미에 대한 필요를 만들어낸다는 역설 또한 받아들여야 한다.

내 개입은 고객의 세계관과 마음 상태(그들의 가치와 신념 체계)에 대한 내 이해에 좌우된다. 예를 들어, 나는 그들이 현재 가진 문제와 염려들을 탐색하고 그들을 괴롭히는 주제들을 넓은 시각에서 바라볼 수 있도록 노력한다. 나는 또한 그들의 배경과 그것이 현재 그들의 행동에 어떤 영향을 미치는지 탐구한다. 역할극 중 나타나는 정신역동과는 별개로, 체계적인 방향 설정 또한 그들에게 무슨 일이 일어나고 있는지 진정으로 이해하기 위한 필수 요건 sine qua non이다. 나는 그들이 인생의 역설을 이해하도록 돕고 그것들을 받아들일 수 있게 인도한다.

나는 또한 내 고객들이 내면의 악(그들의 어두운 면)을 부정하거나 왜곡하지 않고 다루기를 원한다. 그렇게 하는 동안 나는 그들이 선택의 결과(과거와 미래 모두)를 숙고해보도록, 그리고 자신의 가능성뿐만 아니라 한계를 인식하고 수용하며 자신의 선택에 책임을 지도록 하고, 존재의 가능성을 충분히 실현하며 그들이 자기 운명의 주인이 되도록 격려함으로써 그들을 자극한다. 이러한 문제를 해결할 때, 나는 고객들이 목적과 동기를 찾고 그들에게 진정으로 의미 있는 것이 무엇인지 파악할 수 있도록 돕기 위해 노력한다.

우울하게 거울 바라보기

이제 알게 된 바와 같이 인생의 의미는 무엇인가라는 질문에 대한 쉬운 대답은 없다. 아마도 그 질문은 잘못된 물음일 것이다. 진짜 질문은 '내 삶의 의미는 무엇인가'이어야 한다. 작가 아나이스 닌$^{Anais\ Nin}$은 "모든 사람에게 해당하는 하나의 큰 우주적 의미는 없다. 각 사람을 위한 개인적인 소설처럼 우리가 우리 삶에 부여하는 개별적인 의미, 개별적인 이야기만이 있을 뿐이다."라고 말했다. 우리 각자는 삶이 의미를 가져다주기를 기다리지 않고 자기 삶에 의미를 부여해야 한다. 우리의 과제는 인생이라는 비극적인 찰나의 시간을 열정으로 살아내고 인생의 커튼이 내려질 때, 멋지게 퇴장하는 것이다. 그리고 품위 있는 퇴장을 위해서 우리는 자신을 넘어선 무언가를 만듦으로써 기여한 지속적인 어떤 것을 되돌아볼 수 있어야 한다.

그러나 삶의 의미는 언제나 매우 개인적인 문제여서 수평선의 무지개처럼 보일 수 있다. 결코 그것에 닿을 수는 없겠지만, 더 중요한 것은 그것에 더 가까이 가려는 우리의 시도이다. 이것이 우리 삶에 가치를 주는 노력이다. 이 무지개에 도달하려고 노력하면서 우리가 성취하는 것이 무엇이든 우리의 가장 큰 유산이 될 것이다. 우리의 커튼이 내려갈 때, 우리 뒤에 살게 될 많은 사람의 안녕에 기여할 수 있었다고 차분히 생각하면서 이 생을 떠날 것인지가 중요한 질문이 될 것이다.

더욱이 우리의 인생살이는 이 땅에 잠시 머무는 동안 불안을 경험하지 않고는 살아갈 수 없고 죽음도 직면할 수 없다는 사실을 우리가 받아들여야 함을 보여준다. 이것은 생각하는 두뇌를 갖게 된 이래로 우리가 지각하는 인간 존재의 비극적 특성이다. 그 앎이 우리를 에덴동산에서 쫓겨나게 한 것이다. 또 그것은 인생의 진정한 비극이 죽음이 아니라 죽을 때가 되었을 때 우리가 진정으로 살아본 적이 없었을지도 모른다는 발견임을 깨닫게 해준다. 셰익스피어는 그의 희곡 「맥베스Macbeth」에서 인간이 안고 있는 실존적 고뇌를 드러내어 보여준다.

> 인생은 걸어다니는 그림자, 그는 무대 위에서 그의 삶을 뽐내고 초조해하는 불쌍한 배우일 뿐. 그리고 나서는 더는 그의 소리는 들을 수 없지. 그것은 아무 의미 없는 소리와 분노로 가득 찬 바보가 들려주는 이야기야.[4]

그러나 우리가 삶을 받아들인다면, 즉 삶의 역설, 곤경, 문제를 인식한다면, 죽음을 마주할 준비가 더 잘 될 것이다. 우리가 선택을 내릴 수 있다는 점, 즉 인생을 진정으로 사는 것이 우리에게 달려 있다는 것을 깨닫는다면, 우리는 인생의 마지막을 더 잘 대비할 수 있을 것이다. 더욱이 그 여정에 수반되는 위험, 좌절 및 고난이 있더라도, 우리가 진정한 본성과 핵심 가치에 일치하는 삶을 살기 위해 책임감을 가진다면, 우리는 더 자

---

[4] https://www.sparknotes.com/nofear/shakespeare/macbeth/page_202/ act 5, scene 5

연스럽고 편안한 상태가 될 것이다. 또 고난이 인생의 일부라는 사실을 받아들인다면, 절망을 넘어설 수 있는 준비가 좀 더 잘 될 것이다. 의미 있는 삶을 사는 사람들은 죽음을 덜 두려워한다. 그들의 개인적인 초월은 불멸과 유사한 무엇인가를 얻는 방법이다. 셰익스피어도 언급했듯이 달리 표현하면 "준비가 전부이다."

색인

ㄱ

감사gratitude 111, 137-138
강제 수용소concentration camps 109
건강health 47, 75, 79, 118, 129-139
결정론determinism 105
계몽enlightenment 94
고립isolation 19, 20, 123, 136, 146, 179
고백Confession, A (Tolstoy) 46, 47, 48
고층 심리학height psychology 109
공산주의자들communists 37
공자Confucius 43
공포 관리 이론terror management theory 85
관계relationships 20, 22, 40, 58, 59, 60, 67, 68, 72, 80, 101, 111, 112, 114, 115, 118, 120, 124, 128, 130, 131, 132, 134, 138, 142, 150, 152, 161, 164, 166, 169, 170, 172, 178
귀스타브 플로베르Flaubert, Gustave 10
그레타 툰베리Tunberg, Greta 137
그리스Greek 62, 77, 84, 92
긍정심리학positive psychology 111, 112, 151
긍정적인 감정positive emotions 112, 135, 136
기념일에 대한 반응anniversary reaction 66
길가메쉬의 서사시Epic of Gilgamesh 91
까라마조프의 형제들Brothers Karamazov, The (Dostoyevsky) 142
꿈dreams 67, 77, 79, 113, 114, 115, 124, 149, 175, 176

ㄴ

나치Nazi 109, 110
내면 세계inner world 28, 29
내면 여행, 내면 여정inner journey 7, 104, 146, 147, 156, 157
네덜란드Netherlands 26, 77
노년기 초월감gerotranscendence 88
노자Lao Tzu 91
노화 과정aging process 136
니코마키안 윤리학Nichomachean Ethics(Aristotle) 93
니콜라스 윈튼 경Winton, Sir Nicholas 133
니콜로 마키아벨리Machiavelli, Niccolò 31

ㄷ

다그 함마르셸드Hammarskjöld, Dag 117
단테 알리기에리Dante Alighieri 36
달마Bodhidharma 57
달라이 라마Dalai Lama 132
데니스 무퀘게Mukwege, Denis 133
도교Taoists 92
두 번 태어난twice-born 50

ㄹ

라 페티 모르Petite mort, la 61-62
랄프 왈도 에머슨Emerson, Ralph Waldo 87
랜디 포쉬Pausch, Randy 67
레오 톨스토이Tolstoy, Leo 38-41, 43, 46, 47, 48,

132
로고테라피logotherapy 150
로널드 랭Laing, Roland 112
롤로 메이May, Rollo 152
루트비히 빈스방거Binswanger, Ludwig 112
리그 베다Rig Veda 92

ㅁ

마거릿 미드Mead, Margaret 39
마르쿠스 아우렐리우스(로마 황제)Marcus Aurelius, Roman Emperor 45
마크 트웨인Twain, Mark 71, 141
마틴 셀리그만Seligman, Martin 111, 129
마틴 하이데거Heidegger, Martin 94, 95, 112
매장 의식burial rites 74
맥베스(셰익스피어)Macbeth(Shakespeare) 181
메다드 보스Boss, Medard 112
메소포타미아Mesopotamia 92
모리스 메를로퐁티Merleau-Ponty, Maurice 95
목적purpose 26, 27, 47, 50, 109, 112, 121, 136, 144, 151, 154, 155, 160, 161, 165, 166, 167, 173
무신론자atheists 36, 37
물질적 소유material possessions 131, 145
믿음faith, see religion 21, 25, 34, 37, 46, 49, 62, 68, 77, 86, 87, 88, 105, 120

ㅂ

바뤼흐 스피노자Spinoza, Baruch 43, 93
바이킹족Vikings 74
베티 데이비스Davis, Bette 9
본능instinct 28, 99, 105
볼테르Voltaire 60, 126
부모의 역설parenthood paradox 125
부정, 부인denial 21, 39, 75, 80, 81, 83, 85, 86, 87, 88, 89, 98, 105, 135, 136, 138, 148, 151, 173, 180
분주함busyness 59, 61
불교Buddhism 37
불가지론자agnostic 37, 145
빅뱅 이론Big Bang theory 95
빅터 프랭클Frankl, Victor 109, 112, 132, 150

ㅅ

사마라의 죽음Death in Samarra 82
사회적 기술social skills 130
사후 세계afterlife 34, 35, 41, 98
산드로 보티첼리Botticelli, Sandro 36
삶의 의미 설문지meaning in life questionnaire 165, 167
선불교Zen Buddhism 107
성 베드로Peter, Saint 11
성경bible 92
생명에 필수적인zootikos(vital to life) 165
세네카Seneca 174
섹스, 돈, 행복 그리고 죽음Sex, Money, Happiness and Death(Kets de Vries) 63
섹스, 성sex 61, 62, 89, 123
쇠렌 키르케고르Kierkegaard, Søren 95
소속/소속감belonging 17, 100, 101, 114, 130, 160, 165, 166, 167
소크라테스Socrates 46, 71, 92, 93
수용 전념 치료acceptance and commitment therapy(ACT) 153
순간의 만족instant gratification 122
스토리텔링storytelling 167, 168, 169
스토아학파Stoics 37
스티브 잡스Jobs, Steve 69
스티븐 헤이스Hayes, Steven 153
시민 케인Citizen Kane (movie) 123
시베리아 캄차카Kamchatka, Siberia 18, 51
신화 속의 왕 라이오스Laius, King of Thebes 84
실존적 불안existential malaise 22, 23, 85, 159, 160, 161, 179
실존주의 심리학existential psychology 82, 112
심기증hypochondria 78
심리사회학적 발달psychosocial development 107
심리치료psychotherapy 104, 105, 151, 153, 178, 179
심층 심리학psychology depth psychology 109

ㅇ

아나이스 닌Nin, Anais 180
아리스토텔레스Aristotle 93, 119
아서 쇼펜하우어Schopenhauer, Arthur 32
아우구스티누스Augustine of Hippo 93
아이스킬로스Aeschylus 117
안락사euthanasia 81

알버트 아인슈타인Einstein, Albert 99, 132
알베르 카뮈Camus, Albert 38, 95
알베르트 슈바이처Schweitzer, Albert 124
알프레드 아들러Adler, Alfred 106
앙투안 드 생텍쥐페리Saint-Exupéry, Antoine de 159
어니스트 베커Becker, Ernest 85
어빈 얄롬Yalom, Irvin 36, 82, 112, 152
연대감gemeinschaftsgefühl(community feeling) 19, 106
영생, 불멸immortality 25, 66, 86
영혼soul 32, 34, 35, 50, 60, 77, 106, 144, 145
야마Yama 77
에드문트 후설Husserl, Edmund 95
에로스(생의 본능)eros(life instinct) 105
에르 신화Myth of Er 34, 35
에리히 프롬Fromm, Erich 107
에릭 에릭슨Erikson, Erik 84, 85, 107, 133
에밀리 디킨슨Dickinson, Emily 57
에우다이모니아(행복, 의미 있는 삶)
  eudaimonia(meaningfulness) 92, 93, 119
에이브러햄 매슬로Maslow, Abraham 110
에피쿠로스Epicurus 31
오스카 와일드Wilde, Oscar 147
오슨 웰스Welles, Orson 123
오토 랭크Rank, Otto 152
요한 볼프강 폰 괴테Goethe, Johann Wolfgang von 155
욥Job(biblical figure) 92
우로보로스Ouroboros 177
유능/유능함/능력competence 135, 138, 165, 166
유진 오 켈리O'Kelly, Eugene 68
윌리엄 셰익스피어Shakespeare, William 181, 182
이데올로기, 관념ideology 127
이반 일리치의 죽음Death of Ivan Ilych, The (Tolstoy) 38, 47
이집트Egyptian 74
이타주의altruism 132-136, 137
인간의 의식human consciousness 148
인본주의 심리학humanistic psychology 110
인생관, 세계관weltanschauung 29, 38, 107, 127, 145
인생의 여정journey of life 119, 154, 156, 173
인생이 내게 준 선물chasing daylight (O'Kelly) 68
임사 체험near-death experiences 49-53
잉그마르 베르히만Bergman, Ingmar 53
은밀한 동기 요인stealth motivators 89
의미meaning
  목적, 의도intent 26, 144

삶의 의미of life 7, 11, 12, 20, 23-28, 34, 43, 46, 50, 53, 67, 74, 81, 89, 92, 94, 96, 97, 103, 104, 106, 109, 110, 112, 121, 122, 129, 138, 144, 146, 147, 148, 153, 159, 179, 180, 181
  중요성significance 26
의미meaningfulness 118-125, 141, 146, 161
의미 중심 심리치료"meaning-centered" psychotherapy 151
의미 치료meaning therapy 151
의미의 의미meaning of meaning 91

ㅈ

자기 개발self-development 162
자기 중심주의selfishness 108
자녀, 아이들children 9, 21, 73, 79, 87, 99, 125, 126, 132
자살suicide 22, 23, 38, 47, 48, 81, 104
자아 실현self-actualization 121
자아 통합ego integrity 84
자유의지free will 104, 108, 112
자원봉사volunteerism 134
잘 죽는 것dying well 72
장 폴 사르트르Sartre, Jean-Paul 37, 95
전망foresight 32, 47
젊음을 되찾기 위한 방법rejuvenation techniques 66
정신건강mental health 11, 129, 136, 137, 146
정신분석psychoanalysis 107
제임스 볼드윈Baldwin, James 159
제7의 봉인Seventh Seal, The 53
조셉 캠벨Campbell, Joseph 96
조증 방어manic defense 58, 59
조지 엘리엇Eliot, George 103
존재, 실존, 존재론적existential 6, 12, 19, 20, 22, 24, 25, 28, 29, 32, 33, 36, 37, 48, 52, 55, 60, 61, 64, 72, 74, 78, 80, 82, 83, 84, 87, 92, 93, 94, 95, 97, 98, 99, 103, 104, 106, 108, 109, 110, 112, 113, 121, 130, 141, 142, 145, 147, 148, 149, 150, 159, 161, 165, 168, 174, 177, 179, 180, 181
존재의 기술Art of Being, Te (Fromm) 108
존재의 다섯 가지 기둥five pillars of "being" 165
종교religion 21, 34, 35, 36, 54, 60, 68, 87, 92, 93, 94, 98, 100, 143, 145, 156
주고받기giving and taking 123

죽음 공포증tanatophobia 77, 78, 80
죽음, 사망mortality 6, 32, 35, 41, 57, 61, 62, 71, 77, 93, 107, 177, 179
죽음에 대한 염려/불안/불안감death anxiety 24, 75
  불멸immortality 37, 53, 64, 84, 86, 87, 88, 182
  사망mortality 21, 33, 45, 60, 62, 67, 73
  죽음에 대한 두려움, 죽음에 대한 공포fear of 53, 64, 72, 76, 83, 88, 104, 151, 160
  죽음에 대한 태도attitude towards 32
  죽음의 미스터리mystery of 24
  죽음의 의미meaning of 11, 47, 64
  피할 수 없는 죽음, 죽음의 불가피성inevitability of 6, 24, 32, 37, 38, 57, 160
죽음의 신Magere Hein 77, 78
줄리언 헉슬리Huxley, Julian 36
중국China 92, 129
지그문트 프로이트Freud, Sigmund 104, 105, 106, 109, 152
지적 설계intelligent design 98
진정성authenticity/authentikos 120, 144-145, 160, 161, 164, 165, 170
진행 중인 삶 연구"Lives in Progress" study 130, 131
진화evolution 36, 95, 97, 98, 99, 100, 132, 134, 135, 170
집단 행동herd behavior 100

ㅊ

찰스 다윈Darwin, Charles 95, 97, 98
청소년adolescent 64
초월transcendence 33, 94, 106, 107, 120, 124, 133, 142, 164, 165, 167, 170-171, 182

ㅋ

카네기 멜론 대학Carnegie Mellon University 67
칼 로저스Rogers, Carl 110, 111
칼 야스퍼스Jaspers, Karl 95, 112
칼 융Jung, Carl 101, 106, 135, 141
캉디드Candide (Voltaire) 126
콩고 민주 공화국Democratic Republic of the Congo 133
쾌락주의자hedonists 119
킨더트랜스포트Kindertransport 133

ㅌ

타나토스, 죽음의 본능tanatos (death instinct) 77, 105
테레사 수녀Mother Teresa 124, 133
테리 프래챗Pratchett, Terry 103
통근, 일, 수면métro, boulot, dodo(commute, work, sleep) 143, 144
통제control 86, 88, 105, 123, 148, 160, 161, 165, 167, 172
티베트 사자의 서Tibetan Book of the Dead 35, 36

ㅍ

페트라셰프스키 모임Petrashevsky Circle 49
폴 웡Wong, Paul 151
폴 틸리히Tillich, Paul 93
표도르 도스토예프스키Dostoevsky, Fyodor 49, 50, 66, 95, 142
프란츠 카프카Kafka, Franz 19, 95
프랑수아 드 라 로슈푸코Rochefoucauld, François de la 82-83
프리드리히 니체Nietzsche, Friedrich 19, 94, 95, 110
프리드리히 실러Schiller, Friedrich 175
플라톤Plato 34, 93
플라톤의 국가Republic, The(Plato) 34

ㅎ

하나님, 신God 21, 25, 41, 60, 92, 93, 94
하버드 대학교Harvard University 131
하워드 휴스Hughes, Howard 78
하인리히 하이네Heine, Heinrich 9
행복happiness 63, 111, 117-128, 129, 135
행복, 건강, 웰빙well-being 111, 119
헤도니아(행복)hedonia(happiness) 119
헤르만 헤세Hesse, Hermann 141
호르헤 루이스 보르헤스Borges, Jorge Luis 9
흑인의 생명도 소중하다 운동Black Lives Matter movement 137
히프노스Hypnos 77
힌두Hindu 77

1

2차 세계 대전World War II 73, 109, 133

역자 소개

역자: 고태현(Heather)
모두가코치가되는세상 대표 | 전문코치

사람을 세우는 일을 소명으로 알고 넘어진 리더를 도와주기 원하는 고태현 코치는 모두가 코치가 되는 세상을 꿈꾸고 있다. 그녀는 지난 10년간 전문코치로서 직장인, 커플, 대학생, 학부모들을 대상으로 자기 분석을 통해 이루어지는 커리어, 라이프 코칭을 제공해왔고 코칭적 기법을 적용하여 고객이 원하는 영어 구사 수준까지 도달하도록 돕는 영어코칭도 진행하면서 총 2,000시간 이상 코칭하였다. 최근에는 중소기업 자문코칭과 임원코칭으로 비즈니스 영역을 확대하고 있다.

현재 모두가코치가되는세상 대표이며, 한국코칭학회 상임이사, 커리어컨설턴트협회 이사이다. 독자적으로 개발한 프로그램으로는 '헤더스 코칭쇼Heather's Coaching Show', '셀프 코칭을 위한 시간Self-coaching Time', '코칭으로 러닝Coaching to Learning', '영어학습을 위한 코칭'이 있다. 『리더십을 위한 코칭Coaching for Leadership』을 번역하였고 저서로는 『영어학습을 위한 코칭』 프로그램 교재가 있다.

https://www.everyoneisacoach.com

E-mail: lifetreecoach@gmail.com

발간사

호모코치쿠스 33
쿼바디스: 팬데믹 시대, 죽음과 리더의 실존적 도전

팬데믹을 건너오며 누구나 이것이 끝이 아닐 것이라는 예감을 숨기지 않는다. 바이러스에 의한 주기적 공격, 질병 위험이 일상생활의 일부가 될 것이라 누구나 말한다. 러시아와 우크라이나의 전쟁은 중동 지역 국지전과 다른 느낌을 준다. 중동지역과 달리 실제 전쟁에 진입하기보다는 일정한 국제간 역학 장치가 최소한 실제 전쟁은 막을 것이라는 근거 없는 기대가 무너졌기에 참담함과 자신의 낭만적 어리석음을 탓하게 한다. 그래도 설마 했는데 전쟁이 일어나 아직도 진행 중에 당혹하다. 이젠 언제 어디서나 실제 전쟁이 현실이 될 수 있다는 것이다. 질병과 전쟁에 의해 재난과 위기가 일상인 시대가 되었다. 여기에 기후 위기를 더하면 미래 역시 잿빛이다. 이제는 누구나 내가 살게 되는 미래의 어떤 시점까지만이라도 무사하길 바랄 뿐이다. 재난 시대에 서로 긴밀히 영향을 주고받게 되는 '지구촌 마을', 그러나 자기만의 경계를 두껍게 하는 고립과 고독에 빠져드는 현상이 깊어지고 있다.

그런데도 자신의 결정이나 행동이 조금이라도 타인에게 영향을 끼치고, 그 일렁임이 물결이 되어, 자기 시각 지평 너머까지 영향을 미친다는 어렴풋함을 가진 적이 있는가? 어느덧 그 반향이 내게도 전달되어 여전히 주목하지 않았던 나로부터의 물결을 교란하는 그런 순간을 곁눈질해 본 적이 있는가? 이 책은 그런 리더들에게 던지는 가볍지 않은 그렇다고 무겁지 않은 코치이자 정신분석 관점에서 리더십을 논한 실천 연구자의 저술이다.

끝이 아닌 팬데믹은 우리에게 어떤 것에 눈을 돌리게 하는가? 이제 홀연히 자기 자신에게 눈을 돌린다면 무엇을 어디서부터 어떻게 다시 살펴봐야 하는가? 나를 다시 살펴보고 있다면 그 눈으로 주변과 나의 조직을 어떻게 어디에 서서 다시 살펴봐야 하는가? 자신이 타인에게 영향을 주고 있는 모든 사람이 한 번쯤 살펴봤을 법한 질문을 저자는 다시 던진다.

우리는 죽음을 대상으로 사유하는 유일한 존재이다. 자신이 주로 머무는 공간이 어디인가에 따라 죽음과의 거리가 천차만별이다. 누구는 '죽음'을 한 번도 깊이 생각해본 적이 없거나, 매일 매일 조금 떨어져서 그것을 보고 있거나, 주머니 속 열쇠처럼 우연히 손을 넣다가 느닷없이 접촉하게 되는 그런 것이다. 그렇지만 이제 죽음이 재난으로 일상화된다는 삶의 맥락은 우리를 모두 새로운 곳으로 안내할 것으로 보인다. 때로는 진지하거나, 조금은 가볍게, 그러나 꼭 한 번은 삶의 모든 면이 되짚어 보게 한다.

저자 맨프레드 교수는 이 시대 조직의 리더들에게 그들이 지닌 고질적 성격 특성, 그 자리에 올라오기 위해 자신을 채찍질하면서 갖게 된 독성적 개성, 이로 인한 조직의 어처구니없는 현상을 따갑고 명쾌하게 지적한다. 그러나 유머를 잊지 않는다. 그의 글과 주장을 읽다보면 까칠함과 불편한 아픔으로 미뤄두게 하기보다는 대안이 무엇인지 훔쳐보게 만든다. 그가 던지는 화두를 곱씹게 만들어 분명한 이해를 숙제하듯 이끈다.

이 책을 방에서 혼자 읽는 리더라면 몇 군데 밑줄을 긋고 자신과 주변을 관찰해보기 바란다. 자신이 한 번도 생각해보지 않은 주장이나 지적이 있다면 홀로 더 깊이 그 안으로 들어가보길 권한다. 이 책을 읽는 코치나 그 외의 방식으로 타인을 지원하고 조력하고 있는 사람이라면 상대에게 던질 '질문'을 벼려내기 위해 자신에게 던져보기 바란다. 먼저 자기 내면이 확장하거나 한 폭 더 깊이 일궈진다면 그 느낌 그대로 자신의 동행자에게 제공하기 바란다.

호모코치쿠스 발걸음으로 맨프레드 교수의 저서는 이 책으로 네 번째이다. 『임원 코칭의 블랙박스』, 『코치 앤 카우치』, 『정신역동·마음챙김 리더십』이 그의 앞선 발걸음이다. 앞으로도 세 권의 책을 더 준비하고 있다. 다른 출판사의 것과 합치면 가히 한 사람의 저술로는 폭발적인 소개이다. 그런 이유는 그의 주장이 단순한 자기 계발 영역을 넘고, 코칭의 이런저런 자기 선전적 주장을 넘어 '맨프레드 리더십 코칭'을 가능하게 하는 뚜렷한 성격을 갖고 있기 때문이다.

　예쁜 두 딸의 지원과 남편의 배려로 스스로 언급한 일정을 거뜬히 해낸 역자에게 감사드린다. 고된 작업을 즐겁게 감당하고 있는 편집진에게도, 이 책을 읽고 사색을 한 뼘 넓힐 독자들에게도 건강과 안녕을 기대한다.

2020. 6.

발행자 김상복

집필자 모집

- 멘토링 기반 코칭 방안과 사례 연구
- 컨설팅 기반 코칭 방안과 사례 연구
- 조직개발 코칭 방안과 사례 연구(일대일 또는 그룹 코칭)
- 사내 코치 활동 방안과 사례 연구
- 주제별·대상별 시네마 코칭 방안과 사례 연구
- 시네마 코칭 이론과 실천 방안 연구
- 아들러 심리학 기반 코칭 방안과 사례 연구
- 코칭 기획과 사례 개념화(중심 이론별 연구)
- 코칭에서 은유와 은유 질문
- '갈굼과 태움', 피해·가해자 코칭
- 미루기 코칭 이해와 활용
- 코치의 젠더 감수성과 코칭 관계 관리
- 정서 다루기와 감정 관리 코칭 및 사례 연구
- 코칭 장場field · 공간과 침묵
- 라이프 코칭 핵심 과제와 사례 연구(청년 및 중년)
- 커리어 코칭 핵심 과제와 사례 연구(청년 및 중년)
- 노년기 대상 라이프 코칭 방안과 사례 연구
- 비혼·혼삶 라이프 코칭 방안과 사례 연구
- 코칭 스킬 총정리와 적용 사례
- 부모 리더십 코칭과 사례 연구(양육자 연령별)
- 코칭 이론 기반 코칭 방안과 사례
- 커플 코칭 방안과 사례
- 의식확장과 영성코칭
- 군 리더십 코칭
- 코칭 ROI 연구

■ 동일 주제라도 코칭 대상과 방식, 코칭 이론별 집필이 가능합니다.
■ 최소 기준 A4 기준 80페이지 이상. 코칭 이론과 임상 경험 집필 권장합니다.
■ 편집위원회와 관련 전문가 심사로 선정됩니다.
■ 선정 원고는 인세를 지급하며, 무료로 출판합니다.

호모코치쿠스

코칭 튠업 21
: ICF 11가지 핵심 역량과 MCC 역량

김상복 지음

뇌를 춤추게 하라
: 두뇌 기반 코칭 이론과 실제
Neuroscience for Coaching

에이미 브랜 지음
최병현, 이혜진 옮김

마음챙김 코칭
: 지금-여기-순간-존재-하기
Mindful Coaching

리즈 홀 지음
최병현, 이혜진, 김성익, 박진수 옮김

코칭 윤리와 법
: 코칭입문자를 위한 안내
Law & Ethics in Coaching

패트릭 윌리엄스, 샤론 앤더슨 지음
김상복, 우진희 옮김

조직을 변화시키는 코칭 문화
How to create a coaching culture

질리안 존스, 로 고렐 지음
최병현, 이혜진 등 옮김

내러티브 상호협력 코칭
: 3세대 코칭 방법론
A Guide to Third Generation Coaching: Narrative-Collaborative Theory and Practice

라인하드 스텔터 지음
최병현, 이혜진 옮김

임원코칭의 블랙박스
Tricky Coaching

맨프레드 F. R. 케츠 드 브리스 등 편집
한숙기 옮김

마스터 코치의 10가지 중심이론
Mastery in Coaching

조나단 패스모어 편집
김선숙, 김윤하 등 옮김

코칭·컨설팅
수퍼비전의 관계적 접근
Supervision in Action

에릭 드 한 지음
김상복, 조선경, 최병현 옮김

정신역동과 임원코칭
: 현대 정신분석 코칭의 기초1
Executive Coaching:
A Psychodynamic Approach

캐서린 샌들러 지음
김상복 옮김

수퍼비전
: 조력 전문가를 위한 일곱 눈 모델
Supervision in the Helping Professions

피터 호킨스, 로빈 쇼헤트 지음
이신애, 김상복 옮김

코칭 프레즌스
: 코칭개입에서 의식과 자각의 형성
Coaching Presence: Building Consciousness and Awareness in Coaching Interventions

마리아 일리프 우드 지음
김혜연 옮김

멘탈력
정신적 강인함에 대한 최초의 이론적 접근
Developing Mental Toughness:
Coaching strategies to improve performance, resilience and wellbeing

더그 스트리챠크직, 피터 클러프 지음
안병욱, 이민경 옮김

코치 앤 카우치
Coach and Couch

맨프레드 F.R. 케츠 드 브리스 등 지음
조선경, 이희상, 김상복 옮김

리더의 정치학
: 조직개혁과 시대전환을 위한 창발 리더십 모델
Leading Change: How Successful Leaders Approach Change Management

폴 로렌스 지음
최병현, 윤상진, 이종학,
김태훈, 권영미 옮김

게슈탈트 코칭
바로 지금 여기
Gestalt Coaching: Right here, right now

피터 브루키트 지음
임기용, 이종광, 고나영 옮김

영화, 심리학과 라이프 코칭의 거울
The Cinematic Mirror for Psychology and Life Coaching

메리 뱅크스 그레거슨 편저
앤디 황, 이신애 옮김

VUCA 시대의 조직문화와 피어코칭
Peer Coaching at Work

폴리 파커, 팀 홀, 캐시 크램, 일레인 와서먼 공저
최동하, 윤경희, 이현정 옮김

실존주의 코칭 입문
: 알아차림·용기·주도적 삶을 위한 철학적 접근
An Introduction to Existential Coaching

야닉 제이콥 지음
박신후 옮김

내러티브 코칭
: 새 스토리의 삶을 위한 확실한 가이드
Narrative Coaching: The Definitive Guide to Bringing New Stories to Lif

데이비드 드레이크 지음
김상복, 김혜연, 서정미 옮김

시스템 코칭
: 개인을 넘어 가치로
Systemic Coaching: Delivering Value Beyond the Individual

피터 호킨스, 이브 터너 지음
최은주 옮김

고용 가능성
고용+가능성 업그레이드 전략
Developing Employability and Enterprise: Coaching Strategies for Success in the Workplace

더그 스트리챠크직, 샬롯 보즈워스 지음
조현수, 최현수 옮김

강점 기반 리더십 코칭
: 조직 내 긍정적리더십 개발을 위한 가이드
Strength_based leadership Coaching in Organization An Evidence based guide to positive leadership development

덕 매키 지음
김소정 옮김

영웅의 여정
자기 발견을 위한 NLP 코칭
The Hero's Journey: A voyage of self-discovery

스테판 길리건, 로버트 딜츠 지음
나성재 옮김

정신역동 마음챙김 리더십
: 내면으로의 여정과 코칭
Mindful Leadership Coaching : Journeys into the interior

맨프레드 F.R. 케츠 드 브리스 지음
김상복, 최병현, 이혜진 옮김

공감으로 완성하는 코칭
: 평범함에서 탁월함으로
Coaching with Empathy

앤 브록뱅크, 이안 맥길 지음
김소영 옮김

ADHD 코칭
: 정신건강 전문가를 위한 가이드
ADHD Coaching: A Guide for Mental Health Professionals

프란시스 프레벳,
아비가일 레브리니 지음
문은영, 박한나, 가요한 옮김

글로벌 코치 되기
: 코칭 역량과 ICF 필수 가이드
Becoming a Coach

조나단 페스모어,
트레이시 싱클레어 지음
김상학 옮김

시스템 코칭과 컨스텔레이션
Systemic Coaching & Consitellations

존 휘팅턴 지음
가향순, 문현숙, 임정희, 홍삼렬,
홍승지 옮김

10가지 코칭 핵심주제 사례 연구
: 20개 사례와 40개 논평
Complex Situations in Coaching

디마 루이스, 폴린 파티엔 디오송 지음
김상복 옮김

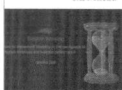
유연한 조직이 살아남는다
포스트 코로나 시대 뉴노멀이 된 유연 근무제
Flexible Working

젬마 데일 지음
최병현, 윤재훈 옮김

인지행동 코칭
: 30가지 고유한 특징
Cognitive Behavioural Coaching: Distinctive Features

마이클 니난 지음
엘리 홍 옮김

쿼바디스
: 팬데믹 시대, 죽음과 리더의 실존적 도전
QUO VADIS?

맨프레드 F. R. 케츠 드 브리스 지음
고태현 옮김

(출간 예정)

정신역동 코칭
: 30가지 고유한 특징
Psychodynamic Coaching: Distinctive Features

클라우디아 나겔 지음
김상복 옮김

수퍼바이지와 수퍼비전
: 수퍼비전을 위한 가이드
Being Supervised A Guide for Supervision

에릭 드 한, 윌레민 레구인 지음
한경미, 박미영, 신혜인 옮김

코칭수퍼비전의 이론과 모색
Coaching and Mentoring Supervision : Theory and Practice

타티아나 바키로버, 피터 잭슨, 데이빗 클러터벅 지음
김상복, 최병현 옮김

트라우마와 코칭
Coacjing and Trauma

줄리아 본 스미스 지음
이명진, 이세민 옮김

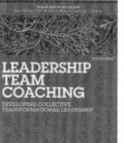
비연속 단일회기 코칭
: 30가지 고유한 특징
Single-Session Coaching and One-At-A-Time Coaching: Distinctive Features

윈디 드라이덴 지음
남기웅, 안재은 옮김

팀코칭 이론과 실천
: 팀을 넘어 위대함으로
The Practitioner's handbook of TEAM COACHING

데이비드 클러터벅, 주디 개년 편집
강하룡, 박순천, 박정화, 박준혁,
우성희, 윤선동, 최미숙 옮김

리더십 팀코칭
: 변혁적 팀 리더십 개발을 넘어
Leadership Team Coaching

피터 호킨스 지음
강하룡, 박정화, 박준혁, 윤선동 옮김

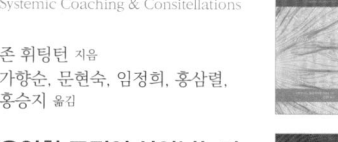

웰다잉 코칭
생의 마지막과 상실을 겪는 사람들을 위한 코칭 가이드
Coaching at End of Life

돈 아이젠하워, J. 발 헤이스팅 지음
정익구 옮김

인지행동 기반 라이프코칭
Life Coaching : A Cognitive behavioural approach

마이클 니난, 윈디 드라이덴 지음
정익구 옮김

코칭과 정신건강 가이드
: 코칭에서 심리적 과제 다루기
A Guide to Coaching and Mental Health : The Recognition and Management of Psychological Issues

앤드류 버클리, 케롤 버클리 지음
김상복 옮김

코칭심리학 (2판)
실천연구자를 위한 안내서
Handbook of Coaching Psychology

스티븐 팔머, 앨리스 와이브로 엮음

코칭 이론과 실천
The SAGE Handbook of Coaching

타티아니 바흐키로바, 고든 스펜스, 데이비드 드레이크 엮음

잡크레프팅
Persnalization at Work

롭 베이커 지음
김현주 옮김

임원코칭
: 시스템 – 정신역동 관점
– 현대 정신분석 코칭의 기초 3
Executive coaching: System-psychodynamic persfective

하리나 버닝 편집
김상복 옮김

정신역동 코칭의 이해와 활용
: 현대 정신분석 코칭의 기초2
Psychodynamic Coaching : focus & depth

올라 샤롯데 벡 지음
김상복 옮김

호모스피릿쿠스

나르시시스트와 직장생활하기
Narcissism at Work: Personality Disorders of Corporate Leaders

마리 린느 제르맹 지음
문은영, 가요한 옮김

정신분석 심리치료의 기본과 실천
: 정신분석·지지적 심리치료와의 차이

아가쯔마 소우 지음
최영은, 김상복 옮김

조력 전문가를 위한 공감적 경청
共感的傾聴術
：精神分析的に"聴く"力を高める

고미야 노보루 지음
이주윤 옮김

코로나 시대의 정신분석적 임상
'만남'의 상실과 회복
コロナと精神分析の臨床

오기모토 카이, 키타야마 오사무 편저
최영은, 김태리 옮김

(코쿱북스)

코칭의 역사
Sourcebook Coaching History

비키 브록 지음
김경화, 김상복 외 15명 옮김

101가지 코칭의 전략과 기술
: 젊은 코치의 필수 핸드북
101 Coaching Strategies and Technique

글래디나 맥마흔, 앤 아처 지음
김민영, 한성지 옮김

리더십을 위한 코칭
Coaching for Leadership

마샬 골드 스미스,
로렌스 라이언스 등 지음
고태현 옮김

코칭 A to Z

누구나 할 수 있는 코칭 대화 모델
: GROW_candy 모델 이해와 활용

김상복 지음

세상의 모든 질문
: 아하에서 이크까지, 질문적 사고와 질문 공장

김현주 지음

첫 고객·첫 세션 어떻게 할 것인가
(1) 윤리적 가이드라인과 전문가 기준에 의한 고객 만남
(2) 코칭계약과 코칭 동의 수립하기

김상복 지음

코칭방법론
: 조직 운영과 성과 리더십 향상을 돕는 효과성 코칭의 틀

이석재 지음

코치 100% 활용하는 법
: 코칭을 만난 당신에게

김현주, 박종석, 박현진, 변익상,
이서우, 정익구, 한성지 지음

코칭 하이브리드

영화처럼 리더처럼
: 크고 작은 시민리더 이야기

최병현, 김태훈, 이종학,
윤상진, 권영미 지음

호모코치쿠스 33

쿼바디스
: 팬데믹 시대, 죽음과 리더의 실존적 도전

초판 1쇄 발행   2022년 6월 17일

펴낸이	김상복
지은이	맨프레드 F. R. 케츠 드 브리스
옮긴이	고태현
편 집	정익구
디자인	이상진
제작처	비전팩토리
펴낸곳	한국코칭수퍼비전아카데미
출판등록	2017년 3월 28일 제2018-000274호
주 소	서울시 마포구 포은로 8길 8. 1005호

문의전화 (영업/도서 주문) 카운트북
    전화 | 070-7670-9080   팩스 | 070-4105-9080
    메일 | countbook@naver.com
    편집 | 010-3753-0135
    편집문의 | hellojisan@gmail.com 010-3753-0135

www.coachingbook.co.kr
www.facebook.com/coachingbookshop

ISBN 979-11-89736-39-2
책값은 뒤표지에 있습니다.